Franzius

FREDERICK DODSON

MAGNETIC WEALTH ATTRACTION

SEI EIN MAGNET FÜR WOHLSTAND ÜBERFLUSS UND FÜLLE

Ratgeber

Ein Buch aus dem FRANZIUS VERLAG

Cover: Simone C. Franzius
Übersetzung aus dem Englischen: Petra Liermann
Korrektorat/Lektorat: Petra Liermann
Überarbeitung: Franzius Verlag
Verantwortlich für den Inhalt des Textes
ist der Autor Frederick Dodson
Satz, Herstellung und Verlag: Franzius Verlag GmbH
Druck und Bindung: BoD, Norderstedt

ISBN 978-3-96050-180-0

2. Überarbeitete Auflage

Die Deutsche Nationalbibliothek verzeichnet diese Publikation in der Deutschen Nationalbibliografie; detaillierte bibliografische Daten sind im Internet über http://dnb.dnb.de abrufbar.

INHALT

EINFÜHRUNG

Dies ist eine Sammlung von Aufsätzen und Artikeln, die ich in den letzten sieben Jahren zum Thema Reichtum und magnetische Anziehung von Wohlstand verfasst habe. Es ist meine Absicht, dass jeder, dem dieses Material zur Verfügung steht, eine Verbesserung seiner Geldsituation erfährt.

Frederik Dodson

01 WIE VIEL BIST DU FÜR ANDERE MENSCHEN VON NUTZEN?

Dein finanzieller Wohlstand ist ein Maß dafür, wie viel du anderen Menschen zugutekommen lässt. Das Universum ist so aufgebaut, dass wir uns gegenseitig unterstützen. Das Geld, das du erhältst, soll ein Maßstab dafür sein, wie viel du insgesamt beigetragen hast.

EIN BEISPIEL

Jim, ein Verkäufer, kauft von mir einen alten Stuhl für nur zehn Dollar. Ich bin froh, dass er das tut, weil ich den Stuhl nicht brauchte und zwanzig Dollar spare. Die hätte es mich gekostet, den Stuhl bis zur Müllabfuhr zu fahren oder ihn abholen zu lassen. Jim kauft einen Nagel für einen Dollar und etwas Politur für zwei Dollar und repariert den Stuhl. Er verkauft ihn dann an eine Familie, die einen Stuhl für zwanzig Dollar sucht. Die Familie kauft ihn gerne bei ihm, denn es erspart ihr die mühsame Suche nach einem Stuhl. Die investierte Zeit und das eingesetzte Benzin hätten vielleicht fünfzig Dollar betragen.

Mit dieser kleinen Geschäftstransaktion hat Jim mindestens sieben Personen geholfen: Er hat mir geholfen, weil ich Zeit und Geld gespart habe. Er profitierte selbst, weil er einen Gewinn von sieben Dollar erzielte, und er profitierte von drei Familienmitgliedern, die den Stuhl benutzen werden. Er hat auch dem

Mann geholfen, von dem er Lack und Nägel gekauft hat. Metaphysisch gesehen haben die zehn Dollar, die Jim ausgegeben hat, tatsächlich einen Nutzen von mindestens hundert Dollar gebracht. Jim schafft Wohlstand aus dem Nichts. Und wir sprechen nur über EINE kleine Geschäftstransaktion.

Dies ist der Grund, warum Länder, in denen wirtschaftliche Freiheit geschätzt und erlaubt ist, am erfolgreichsten sind.

Mit Ausnahme von Glücksspielen, Erpressung, Diebstahl und ähnlichen armutsorientierten Methoden kommt eine Person, die Geschäfte tätigt, immer vielen Menschen zugute. Um es in einfachen Worten auszudrücken: **Eine Person, die kein Geld hat, scheint niemandem von Nutzen.** Wirklicher oder wahrgenommener Nutzen kommt vor dem Geldverdienen. Das Denken der Armut betrachtet reiche Menschen und fragt: »Warum macht er so viel Profit? Es ist unfair!«

Politiker hören manchmal, dass die Reichen ihren »gerechten Anteil« an Steuern nicht zahlen. Eine solche Haltung ignoriert und übersieht die breiteren Implikationen und Auswirkungen, die die meisten reichen Individuen auf die Gesellschaft als Ganzes haben. Sie werden Jim anschauen und nur dieses sehen: Er hat einen Stuhl für zehn Dollar bekommen und er hat ihn für zwanzig Dollar verkauft.

»Was für ein Gauner! Das ist unfair!«, werden sie sagen. Er hätte ihn jedoch nicht für zehn Dollar bekommen und für zwanzig Dollar verkaufen können, wenn er der Person, bei der er ihn gekauft hat, und den Leuten, an die er ihn verkauft hat, nicht geholfen hätte. Anstatt ein Gauner zu sein, war Jim ein Wohltäter – nicht nur für den Verkäufer und den Käufer –, auch für einen Händler und die erweiterten Familien des Käufers sowie des Verkäufers.

Wenn du der Meinung bist, dass Reichtümer in erster Linie durch das Böse gewonnen werden und dass du dich für Geld schämen musst, wirst du nicht viel Wohlstand für dich und andere erschaffen.

Wenn du keine Gehaltserhöhung erhalten hast, musst du an dem Nutzen arbeiten, den du deinen Mitmenschen bietest. Lange bevor ich mit meinem eigenen Business (dem Unterrichten von Reality Creation) Geld verdient habe, habe ich zehn Jahre lang nicht viel Geld eingenommen. Ich habe mich nicht beschwert. Ich habe nicht gesagt, dass es »unfair« ist. Ich wusste, dass der Tag kommen würde, an dem die Menschen den Nutzen meiner Lehren sehen würden. Und wenn dies nicht der Fall wäre, müsste ich mein Lehrmaterial verbessern, anstatt mich über andere zu beschweren und sie zu beschuldigen. Sobald das, was ich unterrichtete, viel Nutzen brachte, begann das Einkommen zu fließen.

Interessanterweise kommt Geld nicht immer direkt von der Quelle, die von dir profitiert hat. Zum Beispiel habe ich vor zehn Jahren plötzlich ein schönes und unerwartetes Erbe von jemandem erhalten, dem ich in keiner Weise geholfen habe.

»Meine Zahlung kommt von der höchsten Quelle« bedeutet, dass das Universum so eingerichtet ist, dass du dafür bezahlt wirst, dass du deinen Mitmenschen früher oder später von Nutzen bist, aber nicht immer (meistens, aber nicht immer) von den Menschen, die von dir profitiert haben. Ein Job oder Arbeitgeber ist daher nicht die eigentliche Geldquelle. Das Universum, das Feld, Gott, die Quelle oder wie auch immer du das herrschende Prinzip der Realität nennen möchtest, ist die wahre Quelle des Geldes. Übermäßiges Vertrauen in Menschen und Chefs als »Geldquelle« behindert den Wohlstand.

Übrigens ist es die wahre Ursache für Ausbeutung, den Menschen zu nützen und kein Geld oder eine Entschädigung dafür zu erhalten. Wenn du Schuldgefühle hast, weil du Geld verlangst, wird das jemand selbstsüchtig ausnutzen. Es gibt nichts Ehrenhaftes oder Edles daran, kostenlos oder für extrem niedrige Löhne zu arbeiten (mit der möglichen Ausnahme von Freiwilligendienst).

Je mehr du den Menschen von Nutzen bist, umso reicher wirst du. Es ist eines der unveränderlichen Gesetze der Realität. Wenn du es nicht glaubst, denke über deine eigene Situation nach: Mit Ausnahme von Wohltätigkeit und Geschenken trennst du dich nie von Geld, es sei denn, du glaubst, dass die Person, der du Geld gibst, dir irgendwie Nutzen bringen kann. Beachte auch, dass »Menschen nutzen« nicht unbedingt Arbeit bedeutet – manchmal kann deine bloße Präsenz und Haltung den Menschen zugutekommen.

Wird es Leute geben, die gegen dieses Konzept sind? Ja. Diejenigen, die ihr Geld auf unappetitlichen Wegen erhalten haben, und diejenigen, die kein Geld haben, werden dagegen Einwände erheben, weil sie es vorziehen, nicht der Tatsache ins Auge zu sehen, dass ihre Produkte, Dienstleistungen und Fähigkeiten nicht als nützlich genug wahrgenommen werden.

Um reich zu werden, frage zuerst, wie du andere reich machen kannst: reich an Zeit, reich an Gütern, reich an Ideen, reich an Geist.

02 GEDANKE, WORT UND TAT

Durch die oberflächliche Programmierung der Popkultur wird die Öffentlichkeit zu der Überzeugung gebracht, dass Reichtümer größtenteils durch »harte Arbeit« erworben werden, und wenn nicht, dann muss es schändliche oder böse Mittel geben, durch die der Reichtum erlangt wurde. Beide Ansichten sind meistens falsch und lenken von dem ab, was Wohlstand schafft: Bewusstsein! Wenn du Gedanken, Worte und Taten auf Wohlstand ausrichtest (wohlstandskongruentes Verhalten), ziehst du ihn magnetisch an. Dieses Wissen und ein paar Regeln des gesunden Menschenverstands sind alles, was du brauchst. Mein Money-Mentoring verbindet die metaphysischen Aspekte mit den praktischen Aspekten des Geldes.

Neunzig Prozent der Bücher, in denen es darum geht, reich zu werden, Millionär zu werden und Reichtum anzuziehen, sind mangelhaft. Neunzig Prozent von dem, was du über Geld liest, ist falsch. Diese Aussage macht durchaus Sinn. Denn wenn das, was in diesen Büchern steht, wahr wäre, wären mehr als zehn Prozent von uns reich. Da die meisten Menschen nicht reich sind, können wir stattdessen davon ausgehen, dass das meiste, was darüber bekannt ist, reich zu werden, falsch ist.

Wenn du erst einmal verstanden hast, dass ein Großteil des Reichtums aus physischen Handlungen und Bewegungen resultiert, hast du auch verstanden, dass diese Handlungen eine metaphysische oder spirituelle Komponente deiner inneren Entscheidungen haben (wenn du eine Entscheidung getroffen hast, aber nicht danach handelst, hast du nicht wirklich eine Entscheidung getroffen), und von mentaler und emotionaler Energie, die du mit dir herumträgst, die buchstäblich bestimmt, was du in dein Leben ziehen kannst und was nicht.

Zu beachten ist auch, dass es beim Wohlstand keineswegs nur um Geld geht. Es geht auch nicht um Zeit für einen bestimmten Job. Es geht im Wesentlichen um den Wert, den du schaffst, und um die Präsenz oder Ausstrahlung, die du aussendest.

03 GEBEN UND NEHMEN

Wie fühlst du dich, wenn du viel gibst?

Und wie fühlst du dich, wenn du viel nimmst?

Wenn du beim Geben oder Empfangen eine innere Anspannung oder ein Zögern verspürst, bist du in Bezug auf die Fülle nicht völlig frei. Wenn du die inhärente Fülle des Universums verstehst und diese Fülle verdienst, dann hast du weder etwas dagegen, alles zu verschenken, noch etwas dagegen, alles zu empfangen.

Wenn du alles weggibst, weißt du, dass es zu dir zurückkommen wird. Wenn du alles erhältst, weißt du, dass es dir genommen werden kann. Beides ist also völlig in Ordnung. Das Geld war in erster Linie nicht deins, es wurde nicht durch einen Job erarbeitet, es wurde dir vom energetischen Feld / Universum / Gott gewährt und diese Ressource ist grenzenlos. In diesem Zustand fließt Wohlstand.

04 ÜBERWINDEN VON SCHAM UND SCHULDGEFÜHL IN BEZUG AUF GELD

Reichtum wird durch die Energie, die du ausstrahlst, magnetisch angezogen. Eines der größten Hindernisse ist das Ausstrahlen von Scham und Schuldgefühlen, wenn es darum geht zu empfangen oder zu geben. Das muss überwunden werden. Die einzige Zeit, in der Scham oder Schuld angebracht sind, ist, wenn du gegen das Gesetz verstößt. Ansonsten brauchst du sie nicht. Sie sind überhaupt nicht von Nutzen. Wenn sich zum Beispiel jemand schuldig fühlt, weil er jemandem Geld schuldet, sage ich: »Fühle dich nicht schuldig, gib ihm einfach das Geld, das du schuldest. Die Schuld, die du fühlst, wird ihnen nicht helfen, ihr Geld zurückzubekommen.«

Befreie dich von Scham, Verlegenheit oder Zögern, Geschäfte zu machen, um Geld zu bitten, Rechnungen zu schreiben, die Zahlungen einzufordern auf der einen Seite und auf der anderen Seite Zahlungen zu tätigen, zu gewähren, Rechnungen zu begleichen, Geld auszugeben. Unendlichkeit ist reichlich vorhanden, es spielt also keine Rolle, wie viel du gibst und wie viel du erhältst. Du kannst alles weggeben, weil du weißt, dass du alles wieder erschaffen kannst. Und du kannst alles erhalten, weil du weißt, dass es genug für alle gibt, wenn sie sich dafür nur öffnen. Geld von einem anderen zu erhalten, hat nichts damit zu tun, wie viel Geld der andere hat. Er ist für seine eigene Situation verantwortlich, nicht du.

Es ist nicht wahr, dass du auf Kosten anderer Geld verdienst. Und es ist nicht wahr, dass es nicht ehrenwert ist, viel Geld zu verdienen. Dein Wohlstand kommt anderen und der Gesellschaft direkt und indirekt zugute. Zum Beispiel ist nur das Geld, das ich besitze, der Grund, dass ich über genug Zeit und Raum verfüge, um auch kostenlose Inhalte zu veröffentlichen. Nur weil ich Geld habe, habe ich die Zeit und den Raum, um Themen zu erforschen, wovon andere profitieren können. Nur wenn ich der Gesellschaft einen Wert gebe, werde ich an erster Stelle bezahlt.

Du kannst lernen und deine Fähigkeit zum Geben und Empfangen trainieren. Indem du einen freien Fluss in beide Richtungen hast, verbindest du dich mit dem Strom und dem Fluss der Fülle. Wenn du deine Rechnungen online bezahlst, kannst du üben, dich gut dabei zu fühlen. Wenn du für ein Produkt bezahlst, kannst du üben, dich frei und gut dabei zu fühlen. Wenn du deine Rechnungen nicht nur pünktlich, sondern sogar vorzeitig bezahlst, kannst du das Geben üben. Geld für einen guten Zweck oder für wohltätige Zwecke zu spenden, ist eine Möglichkeit, die gebende Seite zu üben. Menschen Geschenke zu machen, ist eine andere Art zu üben. Anonym für wohltätige Zwecke zu spenden, ist der unterhaltsamste und lohnendste Weg. Du kannst die andere Seite trainieren, indem du mutig bist, wenn du einforderst, was fällig ist, wenn du eine Zahlung anforderst, wenn du einen höheren Preis für etwas festlegst oder wenn du deinen Wert als Unternehmer darstellst. Wohlstand ist eine Frage des Selbstwertgefühls. Wenn du nicht Unternehmer, sondern Angestellter bist, verstehe dich nicht als bloßer »Angestellter«, sondern als Dienstleister. Sieh deinen Chef nicht als Chef, sondern als Kunden. Ändere dein Geschäftsbewusstsein und die Realität wird sich anders verhalten.

05 GELD IST NICHT DAS ZIEL

Es gibt viele Gründe, warum es unklug ist, sich auf das Ziel »Geld« zu konzentrieren. Der erste Grund ist, dass du nicht wirklich Geld willst. Du willst das Zeug, von dem du glaubst, dass du es kaufen oder mit Geld tun kannst. Es ist immer eine gute Idee, das eigentliche Ziel hinter dem scheinbaren »Ziel« zu betrachten. Es bringt dich tiefer in Kontakt mit dem wahren Wunsch deines Herzens, damit du dich nicht in der Oberflächlichkeit verlierst. Ich empfehle, nicht auf Geld selbst abzuzielen, sondern dich zu fragen, was du damit machen oder kaufen willst. Eine übliche Übung ist es aufzuschreiben, wofür du eine Milliarde Dollar ausgeben oder wie du sie investieren würdest. Dies bringt dich tiefer in Kontakt mit der Energie des Wohlstands. Das bringt dir bei, groß zu denken.

Noch tiefer liegend als Gegenstände und Dinge, die zu tun sind, sind Gefühle. Was die Menschen noch mehr wollen als bloße Dinge, sind Erfahrungen, Zustände, Gefühle usw. Wenn ich dich frage, warum du ein neues Haus willst, wirst du sagen, dass es dir das Gefühl gibt, dich weiter ausbreiten zu können, dass es dich stolz macht, etwas erreicht zu haben, stabil zu sein. Was du also mehr als nur Geld anstreben solltest, ist das Haus. Und was du mehr als das Haus anstreben solltest, sind die Gefühle, die du damit verbindest: Stabilität, Leistung, Expansion.

Das sind realere und wesentlichere Ziele als Geld. Denn wenn du dich von Anfang an erfüllt fühlst, fällt es dir leichter, das Geld tatsächlich in dein Leben zu locken.

Menschen mit viel Geld reden nicht unbedingt viel über Geld. Sie sprechen über das Leben, Beziehungen, Ereignisse und Menschen, während Geld nur als Nebeneffekt des Lebens in vollen Zügen genossen wird. Die einzigen Menschen, die jeden Tag über Geld nachdenken, sind diejenigen, die es nicht haben. Dasselbe gilt für jedes andere Lebensthema. Die einzigen Menschen, die die ganze Zeit über Sex nachdenken, sind diejenigen, die nicht glauben, dass sie ihn bekommen können.

Ich kannte einmal einen Milliardär, der sich speziell mit diesem Thema befasste. Ich war zwanzig Jahre alt, als er sagte: »Der Grund, warum du kein Geld hast, ist, dass du die ganze Zeit darüber nachdenkst. Scher dich nicht ums Geld. Denk nicht darüber nach. Denke über die Dinge nach, die wirklich wichtig sind.«

Ich erinnere mich bis heute an die Lektion. Wenn wir an Geld denken, denken wir normalerweise mit Gefühlen und Assoziationen von Mangel daran. Selten denken wir positiv darüber. Wenn es dir schwerfällt, positiv über Geld zu denken, warum lässt du nicht das Thema ganz los und machst einfach mit deinem Leben weiter?

06 WOHLSTAND UND HÖHERES BEWUSSTSEIN

Dies ist ein Auszug aus meinem Buch »Prosperity Consciousness«:

Die planetare Evolution durchläuft die folgenden Stufen:

- Tierbewusstsein
- Intellektuelles Bewusstsein
- Spirituelles Bewusstsein

Der Mensch strebt danach, sein tierisches Selbst zu überwinden. Die meisten von uns schämen sich, wenn sie dieselben Handlungen ausführen wie Tiere. Wir mögen es nicht, beim Essen oder beim Toilettengang beobachtet zu werden. Versuche einmal, jemanden in solchen Situationen auf Video aufzunehmen, und sieh, was passiert. Wir wollen nicht jemanden, der gestorben ist, auf dem Boden liegen lassen, um ihn verfaulen zu lassen, wie es ein Tier tun würde, also ritualisieren und vergeistigen wir den Prozess als Begräbnis. Die zivilisierte Gesellschaft zieht es vor, beim Sex die Tür hinter sich zu schließen, und fügt dem Sex normalerweise einen intellektuellen oder spirituellen Kontext hinzu. Wir tun dies in der Hoffnung, uns über Primaten zu erheben.

Einer der wenigen Bereiche, den es nicht bei Tieren gibt, in denen viele Menschen aber ein seltsames Gefühl von Scham überkommt, ist in Bezug auf Business und Geld. Aber Business hat keinen Bezug zum Tierbewusstsein. In den Stadien der Evolution ist es nicht einmal ein rein intellektuelles Bewusstsein, es ist kein rein mechanischer Akt. Geld zu verdienen ist ein spiritueller Akt. Wenn du wissen möchtest, auf welcher der drei Bewusstseinsebenen sich etwas befindet, prüfe, ob ein Tier oder eine Maschine dies könnte. Wenn keiner der beiden es könnte, ist es eine spirituelle Handlung. Ich habe Sex. Das kann auch ein Tier. Da ich aber auch leise spreche und streichle, füge ich Elemente hinzu, die ein Tier nicht hinzufügen würde, wodurch die Handlung auf eine höhere Ebene gehoben wird.

Ich frühstücke. Das tut auch ein Tier. Dann lese ich die neuesten Nachrichten. Das kann dein Hund oder deine Katze nicht verstehen oder tun. Könnte eine Maschine das Papier lesen? Ja, in gewisser Weise. Könnte sie die gelesenen Daten interpretieren? Nein. Deshalb ist es eine spirituelle Aktivität, die Zeitung zu lesen.

Prozesse, die ohne Menschen ausgeführt werden können, sind nicht spirituell, sondern mechanisch. Der Aufstieg von Werkzeugen wie dem Internet zeigt, dass das planetare Bewusstsein allmählich von der ersten zur zweiten Ebene des intellektuellen und mechanischen Bewusstseins aufsteigt. Natürlich erfordert das Internet eine spirituelle Komponente, um lebendig zu werden – die Beteiligung kreativer Menschen. Ohne das Geistige ist das Mechanische langweilig oder sogar tot.

Das Bewusstsein der mittleren Ebene kann in zwei Teile geteilt werden: den unteren Teil, der rein funktional ist, und den höheren, intellektuellen Teil, der auch kreativ ist. Der untere, mechanische Teil folgt lediglich Befehlen aus einer übergeordneten Quelle, während das kreative Bewusstsein die Fähigkeit besitzt, zu erschaffen und zu initiieren, und aufgrund der darin enthaltenen spirituellen Eigenschaften einen eigenen Willen besitzt. Keine Maschine kann Musik komponieren, daher ist Musizieren ein spiritueller Akt. Keine Maschine kann eine Geschichte schreiben, daher ist das Schreiben von Geschichten ein spiritueller Akt. Keine Maschine kann Begeisterung, Freude, Liebe oder Loyalität zeigen – das sind alles spirituelle Eigenschaften.

Weder Tier noch Roboter könnten Geschäfte machen. Daher ist eine Möglichkeit, das animalische Selbst zu überlisten, ein Geschäftsmann zu werden, der in der Lage ist, Kunden zu bedienen, Marketingkampagnen zu planen und Verhandlungen zu führen.

Im Laufe der Jahrhunderte wurden Aktivitäten, die sowohl von Menschen als auch von Tieren durchgeführt werden, in einen rituellen oder zeremoniellen Kontext gestellt. Essen, Sex, Geburt und Sterben sind in Rituale gehüllt, die sie vom Tier unterscheiden. Wenn die Handlung nicht vergeistigt ist, nimmt die Unterscheidung zu Tieren ab. Daher wird einem Kind bei der Geburt ein Name gegeben. Daher essen wir nicht vom Boden, sondern verwenden Teller und Gabeln. Daher haben wir Dinner-Meetings, bei denen der Schwerpunkt nicht auf dem Essen, sondern auf dem Reden liegt. Daher tragen wir besondere Kleidung.

Natürlich haben einige versucht, die ursprüngliche Scham zu überwinden, indem sie in die andere Richtung gingen und ihr tierisches Selbst umarmten. Pornografie und FKK-Strände sind ein Versuch, dies für Sex zu tun. Gewalt und Krieg könnten als Versuch angesehen werden, dies für die aggressivere Natur des Tieres zu tun. Obwohl solche Methoden erfolgreich sind, um die Scham zu überwinden, haben sie sich nicht als erfolgreich erwiesen, um das Tier zu überwinden. Dieses Buch argumentiert so, dass es ein spiritueller Akt ist, ein wohlhabender und erfolgreicher Mensch im Geld- und Geschäftsbereich zu werden, der dich erfolgreich auf die »nächsthöhere Ebene« in der menschlichen Evolution bringt.

Ein Mensch ist sowohl Affe als auch Engel. Der Affe wird nicht durch Verdrängung und Unterdrückung überwunden, sondern indem geduldig und verzeihend erkannt wird, wann unser tierisches Selbst aktiv ist, und eine bewusste Entscheidung getroffen wird, sich nach oben zu bewegen. Das Leben ist eine Ansammlung von tausenden von Entscheidungen und Auswahlen, die unsere einzigartige Realität prägen. Wenn du genau hinsiehst, wirst du feststellen, dass dir täglich hunderte von Wahlmöglichkeiten und eine unbegrenzte Anzahl von Optionen zur Verfügung stehen. Von dort aus, wo du jetzt stehst, kannst du in eine Million Richtungen gehen.

07 DU ERHÄLTST, WAS DU BRAUCHST

Ein grundlegendes Gesetz des Überflusses ist, dass du bekommst, was du brauchst. Wenn du mir sagst, du möchtest eine Menge Geld, frage ich dich: »Wofür?« Und ist dann ein leerer Ausdruck auf deinem Gesicht, dann weißt du nicht wirklich, wofür, und du wirst es wahrscheinlich nicht bekommen. Die Millionäre, die ich persönlich getroffen habe, haben normalerweise eine Mission. Entweder wollen sie ihr Unternehmen auf die nächsthöhere Version / Ebene bringen oder sie wollen eine wachsende Familie unterstützen. Die Mittel, die sie benötigen, werden geliefert, wenn sie sie benötigen. Das Universum füllt gerne Lücken und im Allgemeinen hast du immer die Menge an Geld, die du tatsächlich benötigst, oder die Menge, die deinen Plänen entspricht. Wenn es nichts und niemanden gibt, für den du dich interessierst, dann brauchst du nicht wirklich viel Geld.

Ein anderes, etwas verwandtes Wohlstandsgesetz lautet: Verwende keine Kredite, es sei denn, du willst damit Vermögenswerte kaufen. Ich kenne viele Leute, die gegen dieses Gesetz verstoßen, und viele »Finanzberater« würden mir diesbezüglich überhaupt nicht zustimmen.

Menschen verschulden sich für ein Auto, das Haus, in dem sie leben, Urlaub, Ausrüstung, aber wie verdienen sie mit diesen Dingen Geld? Sie tun es nicht und ich bin immer verwirrt, wenn ich Leute sehe, die es tun. Sie verschulden sich zu schnell für etwas, das keinen »Return on Investment« bringt. Wenn ich mir Geld leihe, um ein Haus zu kaufen, werde ich das Haus an Mieter vermieten, damit das Haus Geld für mich verdient.

Das Leben wird von »Anziehungsfeldern« bestimmt, was »Gleich und Gleich gesellt sich gern« bedeutet. Wenn du verschuldet bist, ist es eher unwahrscheinlich, dass du Geld anziehst. Deshalb lohnt es sich nicht, Schulden zu haben. Wenn du Schulden hast, zahle deine Schulden ab, bevor du neue Kleidung (Frauen) oder neue Geräte (Männer) kaufst.

Versuche dich innerlich »neu« zu fühlen, unabhängig von äußeren Faktoren. Wenn du dich wie eine neue Person ohne die neuen Klamotten und das neue Gerät fühlen kannst, brauchst du sie nicht mehr – aber du hast schneller das Geld, um sie dir leisten zu können.

08 NUTZEN, WAS BEREITS VORHANDEN IST

Ein Teil des Mangel-Bewusstseins (der Glaube, dass es nicht genug gibt) besteht darin, vor allem in der Zukunft nach Lösungen und Fülle zu suchen. Ein Teil des Wohlstands-Bewusstseins (der Glaube, dass es mehr als genug gibt) besteht darin, die bereits vorhandene Fülle, Ressourcen, Informationen und Kenntnisse zu nutzen. Das Wohlstands-Bewusstsein betrachtet, was ist, und sieht Möglichkeiten und Wege, dies zu nutzen. Das Mangel-Bewusstsein schaut auf das, was ist, und sieht nichts von Wert, deshalb wandert seine Aufmerksamkeit auf eine Zukunft, die angeblich bessere Optionen bereithält. Wenn Wohlstandsdenken jedoch heute nicht vorhanden ist, wird es auch in Zukunft nicht vorhanden sein.

Ich habe als Teenager angefangen, Bücher zu schreiben. Ich hatte keinen Laptop, also hätte ich das Mangel-Bewusstsein anwenden und sagen können: »Da ich keinen Laptop besitze, kann ich keine Bücher schreiben.« Stattdessen habe ich das Wohlstands-Bewusstsein angewendet und gesagt: »Ich habe einen Stift und ein Stück Papier, damit ich Bücher schreiben kann.«

Die ersten Verlage, an die ich meine Bücher eingereicht habe, haben abgelehnt. Ich hätte das Mangel-Bewusstsein anwenden und sagen können: »Da niemand meine Bücher veröffentlichen möchte, werde ich nicht schreiben.« Stattdessen setzte ich das

Wohlstands-Bewusstsein ein und sagte: »Ich werde die Bücher selbst veröffentlichen.«

Zu Beginn hatten meine Schriften nicht viele Leser, also hätte ich genau dort in den Mangelglauben geraten können. Jeder Tag bietet zahlreiche Möglichkeiten, sich so zu verhalten, als gäbe es einen Mangel. Es ist gut, dass ich das nicht getan und weitergeschrieben habe, da meine Website heute jede Woche viele tausend Leser hat. Anstatt sich über Mangel zu beklagen, schaut man auf das, was IST, und nimmt es als Ressource, als Beweis für Wohlstand.

Ein lustiges Spiel, das ich manchmal mit Menschen spiele, geht wie folgt: Ich stelle ein paar zufällige Objekte (Plastikbecher, Vase, Stift usw.) auf und frage die Gruppe, welchen anderen Nutzen das Objekt haben könnte als den, für den es bestimmt ist. Wenn ich mehr als zwanzig Antworten auf jedes Objekt bekomme – auch »verrückte« –, ist die Übung beendet. Die Idee dabei ist, über das Offensichtliche hinauszusehen und sich in das Kreative zu wagen. Dir wurde ein Verstand gegeben, um kreativ zu sein. Kreativität sieht Chancen, sieht, was »noch nicht da« ist und sorgt unmittelbar für Wohlstand.

09 IN WELCHER BEZIEHUNG WOHLSTAND ZUM GLAUBEN STEHT

In meinem Buch »Prosperity Consciousness« stelle ich die Behauptung auf, dass das Glaubenssystem von Menschen in direkter Verbindung zu ihrem Wohlstand steht. In dem Buch sage ich, dass das Judentum, der Hinduismus und bestimmte Arten des Christentums, des Buddhismus und des Islams zahlreiche wohlstandserzeugende Überzeugungen enthalten, während weniger moderate oder weniger optimistische Lehren mit weniger Einkommen verbunden sind (ja, Optimismus zieht tendenziell Geld an).

Bitte beachte, dass ich nicht sage: »Diese Religionen sind gut, weil sie reiche Menschen hervorbringen.« Ich sage nur, dass die Art der Überzeugungen, die die Menschen über die Realität haben, ihr Einkommen bestimmt.

Mit anderen Worten: Es gibt viele andere Faktoren, die bei der Bestimmung der Gültigkeit eines Glaubenssystems berücksichtigt werden müssen, nicht nur Reichtum. Einige religiöse Konfessionen argumentieren beispielsweise, dass Armut ein Zeichen für spirituelle Gesundheit ist (eine Weltanschauung, der ich allerdings nicht zustimme – materieller und geistiger Erfolg müssen nicht in zwei Lager aufgeteilt werden). Daher erzeugen solche Konfessionen weniger Wohlstand.

Auch sind die Religionen / Überzeugungen nicht der einzige Faktor. Auch haben Ort und Kultur einen Einfluss auf die weiter unter dargestellten Statistiken. Zum Beispiel würden Muslime und Katholiken etwas höher rangieren, wenn man nur die europäische Kultur berücksichtigt würde. Oder nur den ölreichen Mittleren Osten. Und die Hindus würden nicht ganz oben auf der Liste stehen, wenn nur Indien, das immer noch mit Armut zu kämpfen hat, berücksichtigt werden würde. Die Schaffung von Wohlstand ist eine Mischung aus bestimmten Arten von Überzeugungen, Handlungen und Bildung, Erziehung, Umwelt und ein persönlicher Fokus. Es kann von jedem erlebt werden, der einkommensschaffende Überzeugungen lernt.

Income of Religious Groups

% of each religious group with total family income of______ per year.

	—2007—				—2014—			
	<$30,000	$30,000 to $49,999	$50,000 to $99,999	$100,000 or more	<$30,000	$30,000 to $49,999	$50,000 to $99,999	$100,000 or more
	%	%	%	%	%	%	%	%
Full sample[1]	**31**	**22**	**30**	**18=100**	**35**	**20**	**26**	**19=100**
Christian	**32**	**22**	**30**	**16**	**36**	**21**	**27**	**17**
Protestant	32	23	29	15	36	21	27	16
Evangelical	*34*	*24*	*29*	*13*	*35*	*22*	*28*	*14*
Mainline	*25*	*21*	*33*	*21*	*29*	*20*	*28*	*23*
Historically black	*47*	*26*	*19*	*8*	*53*	*22*	*17*	*8*
Catholic	31	20	30	19	36	19	26	19
Orthodox Christian	20	24	29	28	18	17	36	29
Mormon	26	21	38	16	27	20	33	20
Jehovah's Witness	42	23	26	9	48	25	22	4
Non-Christian faiths	**21**	**17**	**32**	**30**	**28**	**16**	**28**	**28**
Jewish	14	11	29	46	16	15	24	44
Muslim	26	18	43	13	34	17	29	20
Buddhist	25	19	34	22	36	18	32	13
Hindu	9	10	38	43	17	13	34	36
Unaffiliated	**29**	**23**	**29**	**19**	**33**	**20**	**26**	**21**
Atheist	21	20	31	28	24	18	28	30
Agnostic	18	22	35	25	22	18	30	29
Nothing in particular	32	24	28	16	38	21	24	17
Religion not important[2]	25	24	30	21	30	22	27	21
Religion important[2]	40	24	25	12	47	21	21	12

2014 Religious Landscape Study, conducted June 4-Sept. 30, 2014. Figures may not add to 100% due to rounding. Figures reported here have not been adjusted for inflation. Results recalculated to exclude nonresponse.

[1]The demographic characteristics of the 2014 Religious Landscape Study's overall sample were weighted to known parameters from the Census Bureau's 2012 American Community Survey (ACS), which helps to ensure that the demographic characteristics of the sample closely match those of the U.S. adult population. See Methodology for details.

[2]Those who describe their religion as "nothing in particular" are subdivided into two groups. The "religion not important" group includes those who say (in Q.F2) religion is "not too" or "not at all" important in their lives as well as those who decline to answer the question about religion's importance. The "religion important" category includes those who say religion is "very" or "somewhat" important in their lives.

PEW RESEARCH CENTER

Quelle: Pew Research Center, Artikel: «America's Changing Religious Landscape« vom 12. Mai 2015. Link: https://www.pewforum.org/2015/05/12/chapter-3-demographic-profiles-of-religious-groups/

10 VERSCHIEBE DIE SCHWINGUNG DES GELDES

Für die Vergesslichen bedeutet dies: Du kannst nichts in dein Leben ziehen, was du nicht fühlst und akzeptierst.

Wenn du in einer »Geldnotlage« bist, musst du deine Gefühle für Geld grundlegend ändern. Die folgende »Fokus-Verlagerung«-Übung ist dafür ein guter Ausgangspunkt.

1. Bestandsaufnahme deiner äußeren Geldsituation
Schreibe alles Geld auf, das du hast, und alles Geld, das du schuldest. Alles davon. Beispielsweise:

- Schulden bei Tom: 500 Dollar
- Sparguthaben: 2000 Dollar
- Kreditkarten-Schulden: 1000 Dollar
- Einnahmen von S.: 900 Dollar

Mache eine lange Liste mit allem. Scheue dich nicht, dies zu tun. Angst davor zu haben, sich der Realität, so wie sie ist, zu stellen, macht es dir schwer, die Realität zu verändern. Bestätige einfach, was ist.

2. Erstellen deine innere Geldsituation
Erstelle eine weitere Liste mit den gleichen Posten, aber notiere diesmal den Betrag, den du bevorzugst. Dies lenkt deine

Aufmerksamkeit auf das, was du möchtest, anstatt auf das, was fehlt. Also zum Beispiel:

- ❖ Schulden bei Tom: 0 Dollar
- ❖ Sparguthaben: 4000 Dollar
- ❖ Kreditkarten-Schulden: 0 Dollar
- ❖ Einnahmen von S.: 5000 Dollar

Bleibe realistisch bei dem, was sich richtig anfühlt, sich gut anfühlen würde. Übertreibe die Beträge nicht.

In Bezug auf Geld verschiebt diese ziemlich einfache Übung deine Energie-Schwingung. Folglich wirst du etwas anderes erleben, etwas Besseres, als wenn du diese Übung nicht gemacht hättest.

11 LIEBE ERSCHAFFT GELD

Es gibt eine Fülle von Blogs, Websites, Seminaren, Büchern über Geld, Marketing, wie man reich wird, wie man Millionär wird usw., aber nur wenig wirklich reiche Leute.

Hast du das bemerkt?

Daraus folgt logischerweise, dass ein Großteil dieser Fülle von Informationen über Geld und Wohlstand falsch ist. Wenn es wahr wäre, würde jeder überflutet werden mit den Reichtümern, die in überhypten Anzeigen und gefälschten Referenzen versprochen werden.

Einer der Hauptbestandteile, der in dieser Fülle nutzloser Informationen fehlt, ist die Liebe. Warum wird Liebe in Wirtschaftsmagazinen, Börsenberichten, auf Immobilien-Websites und in Büchern, die den Leser zum Millionär werden lassen, nicht erwähnt?

Weil sie mit etwas anderem als Geld assoziiert wird. Sie wird mit Romantik, Sex, Musik und Intimität verbunden. Warum wird sie nicht in der Schule unterrichtet? Weil die Schule weder daran interessiert ist, Liebe noch Wohlstand zu lehren. Sie ist nur daran interessiert, Kinder in die Mentalität des Bienenstockdenkens des Kollektivismus einzuweisen.

Warum wird sie nicht in Businessklassen unterrichtet? Weil nicht erkannt wird, dass Liebe Energie ist oder dass die unsichtbare Kraft, die wir Energie nennen, tatsächlich existiert.

Der erste Schlüssel zum Reichtum ist, sich selbst zu lieben. Wenn du dich liebst, respektierst und ehrst, mit Sorgfalt, Respekt und Anerkennung mit dir umgehst, stoppst du das verzweifelte, rasende und mühsame Jagen nach den Gütern der Welt. Wenn du aufhörst, Energie zu jagen, fängt Energie an, dich zu jagen.

Der zweite Schlüssel zum Reichtum ist, andere zu lieben. Alles, was sie jemals wollten, ist etwas Liebe, und wenn du erst einmal liebst, wirst du mehr Geschenke, Geld und Aufmerksamkeit erhalten, als du jemals bewältigen kannst. Es gibt viele andere Schlüssel, um reich zu sein, aber wenn du diesen einen entwickelst und erweiterst, werden die anderen Schlüssel offensichtlich.

12 WOHLSTANDSBEZOGENE VS. NICHT WOHLSTANDBEZOGENE AUSGABEN

Statistische Untersuchungen haben gezeigt, dass die Nicht-Reichen mehr für Lebensmittel, Wohnen, Versorgung und Verkehr ausgeben, während die Reichen mehr für Bildung, Kleidung und Altersvorsorge ausgeben. Dies ergibt einen perfekten metaphysischen Sinn, wenn man bedenkt, dass der Reichtum vom Verstand (Bildung), dem Sein (von dem das Äußere / die Kleidung abhängt) und dem Gefühl der inneren Sicherheit (also dem Sparen für den Ruhestand) angezogen wird. Auf der anderen Seite wäre eine rein überlebens- und angstgetriebene Haltung gleichbedeutend mit einem zu großen Fokus auf Nahrung und Wohnen.

»Reichtum bedeutet in erster Linie nicht einfach einen Zustand, in dem eine große Menge Materie vorhanden ist. Wohlhabend zu sein, bedeutet, dass man eine große Menge von Dingen hat, mit denen man arbeiten kann, die anderen zugutekommen würden. Was anderen zugutekommt, ist Liebe. Und wenn wir Liebe in die Praxis umsetzen, wird sie zu Wohlstand.«

M. Taniguchi

Die folgende Grafik zeigt dies anhand von Zahlen des U.S. Bureau of Labor Statistics (https://www.bls.gov/cex/)

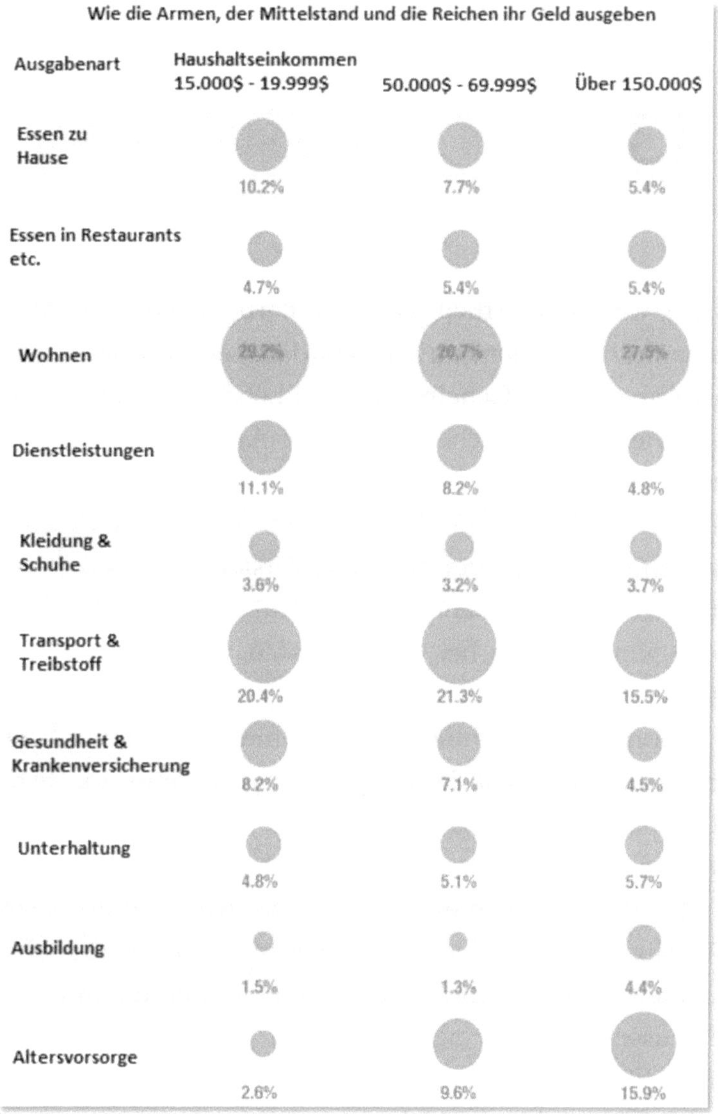

Grafische Aufarbeitung der in der Originalausgabe verwendeten Grafik: Lam Thuy Vo / NPR.

https://www.npr.org/sections/money/2012/08/01/157664524/how-the-poor-the-middle-class-and-the-rich-spend-their-money

13 DEIN JOB ALS KUNSTFORM

Egal, was deine Arbeit oder dein Beruf ist, entwerte niemals das, was du tust, indem du schlecht darüber sprichst. Eines der großen mystischen Geheimnisse des Lebens ist: »Die Art und Weise, wie du eine Sache tust, ist die Art und Weise, wie du alles tust.« Dies bedeutet, dass du die Lektionen des Lebens in jedem Job lernen kannst. Du kannst jeden Job in sehr vielen verschiedenen negativen oder positiven Versionen erleben. Wenn du ein Eisverkäufer bist, kannst du dies auf eine Weise tun, die dir und den Kindern, die bei dir einkaufen, Freude bereitet, oder als mürrische Person, die mit ihrer Position unzufrieden ist.

Der mystische Schlüssel, der dir hier gegeben wird, ist, dass es bei einem Job nicht darum geht, was du daraus machst, sondern darum, was du in ihn steckst. Frage nicht, was dein Job für dich tun kann, frage, was du für deinen Job tun kannst.

Als Mensch möchtest du dein Handwerk auf die bestmögliche Version bringen, produzieren, beitragen und ausbauen. Dies bedeutet, dass du selbst als Müllsammler den Job mit Anmut und Fokussierung oder nachlässig und frustriert ausführen kannst. Es geht nicht um das Äußere, es geht nur um das Innere.

Wenn du schon seit Jahren in deinem Unternehmen befördert werden möchtest, dies aber noch nicht passiert ist und du diesbezüglich frustriert bist, ist es an der Zeit, den Wunsch nach Beförderung aufzugeben und die von dir geleistete Arbeit einwandfreier zu erledigen. Du schaffst so ein Energiefeld, das es viel wahrscheinlicher macht, dass du befördert wirst. Durch deinen persönlichen Einsatz kann jedes Werk zu einer Kunstform erhoben werden. Und es ist eine Freude für die Menschheit, ein gut geführtes Unternehmen, einen gut geführten Schuhladen oder eine gut geführte Website zu besuchen. Es gibt den Menschen Inspiration und sie lernen aus deinem Beispiel.

Der schnellste Weg zum Erfolg ist, sich nicht nach einem anderen Job zu sehnen, sondern deinen gegenwärtigen Job so gut wie möglich zu machen. Du hast dann deinen Widerstand aufgegeben und bist zu dem Strom des Lebens zurückgekehrt, der dich schneller zu besseren Orten führt. Achte auf deine Arbeit. Deine Arbeit ist »Co-Creation« von seiner besten Seite. Das Schlechtmachen der Arbeit ist zu einer Massenepidemie geworden, aber du musst nicht an dieser Strategie der Niederlage teilnehmen. Spiele die Karten, die du erhalten hast, gut aus und du erhältst bessere Karten.

14 UNGEHEUERLICHE FÜLLE

Jegliche Art von Angst deutet darauf hin, dass du nicht wirklich glaubst, dass es überall und jederzeit ungeheure Fülle und Reichtum gibt. Sie sind Teil eines riesigen Energiefeldes, das alles enthält. Mangel ist eine Illusion. Wie lange wirst du glauben, dass dir etwas fehlt, bevor du aufwachst? Wenn du mir nicht glaubst, kannst du es glauben, wenn Jesus es sagt.

Aus Matthäus 6, 25-33 (Lutherbibel 1912):

Darum sage ich euch: Sorget nicht für euer Leben, was ihr essen und trinken werdet, auch nicht für euren Leib, was ihr anziehen werdet. Ist nicht das Leben mehr denn Speise? und der Leib mehr denn die Kleidung? Sehet die Vögel unter dem Himmel an: sie säen nicht, sie ernten nicht, sie sammeln nicht in die Scheunen; und euer himmlischer Vater nährt sie doch. Seid ihr denn nicht viel mehr denn sie? Wer ist aber unter euch, der seiner Länge eine Elle zusetzen möge, ob er gleich darum sorget? Und warum sorget ihr für die Kleidung? Schaut die Lilien auf dem Felde, wie sie wachsen: sie arbeiten nicht, auch spinnen sie nicht. Ich sage euch, daß auch Salomo in aller seiner Herrlichkeit nicht bekleidet gewesen ist wie derselben eins. So denn Gott das Gras auf dem Felde also kleidet, das doch heute steht und morgen in den Ofen geworfen wird: sollte er das nicht viel mehr euch tun, o ihr Kleingläubigen? Darum sollt ihr nicht sorgen und sagen: Was werden wir essen, was werden wir trinken, womit werden wir uns kleiden?

Nach solchem allem trachten die Heiden. Denn euer himmlischer Vater weiß, daß ihr des alles bedürfet. Trachtet am ersten nach dem Reich Gottes und nach seiner Gerechtigkeit, so wird euch solches alles zufallen.

Wenn die Bedeutung hiervon noch nicht klar ist, lasse mich meine eigenen Kommentare hinzufügen: »Denke nicht über dein Leben nach, was du essen oder was du trinken wirst. Noch über deinen Körper, was du anziehen sollst. Sorge dich nicht um die grundlegenden Überlebensbedürfnisse, sie sind eine Selbstverständlichkeit. Zu viel Nachdenken über sie kann den unbegrenzten Strom der Fülle blockieren. Ist das Leben nicht mehr als Fleisch und der Körper mehr als Kleidung? Nicht das physische Universum ist Essenz, das spirituelle Universum ist Essenz und Quelle.

Ändere zuerst den Zustand deiner Seele und deine Beziehung zum wahren Wesen und alles andere in deinem äußeren Zustand wird folgen. Siehe, die Vögel in der Luft; denn sie säen nicht und ernten nicht und sammeln nichts in Scheunen. Bist du nicht viel besser als sie? Menschen sind würdig und verdienen es, versorgt und gefüttert zu werden. Wenn du wirklich du selbst bist und aufhörst zu versuchen, etwas anderes zu sein als du selbst, und deine einzigartigen Talente der Menschheit beisteuerst, wirst du dich auf natürliche Weise dem Strom des Überflusses anpassen.

Wer von euch kann seiner Statur eine Elle hinzufügen, wenn er nachdenkt? Sorge fügt deinem Wesen kein Jota hinzu. Sorge ist sinnlos. Und warum denkt ihr über Kleidung nach? Betrachte die Lilien des Feldes, wie sie wachsen; sie arbeiten nicht und spinnen auch nicht: So wie die Lilien des Feldes glücklich und ohne Anstrengung blühen, kannst du es auch. Und doch sage ich euch, dass auch Salomon in all seiner Herrlichkeit nicht wie einer von diesen ausgestattet wurde. Selbst wenn du alle äußeren Reichtümer der Welt sammeln würdest, wäre die Ausrichtung auf das weite universelle Feld der Fülle besser. Wenn du in Mangel lebst, liegt das daran, dass du »wenig Glauben hast«.

Zunehmender Glaube erhöht deine Fülle. Denke deshalb nicht darüber nach und sage: »Was sollen wir essen?« oder »Was sollen wir trinken?« oder »Womit sollen wir bekleidet werden?« Wenn du dir Sorgen darüber machst, wie du die Miete bezahlen sollst, bedeutet dies, dass du nicht Teil der immer fließenden Flüsse des Reichtums bist. Lass es los. Suche aber zuerst das göttliche Reich und diese Gerechtigkeit und all diese Dinge werden dir gegeben werden.«

Mache deine Prioritäten klar. Suche zuerst das Unendliche und Ewige. Suche einen ausgerichteten, friedlichen und starken inneren Zustand und eine Beziehung zum Höchsten. Dann mach, was du willst.

Zwei wichtige Zitate aus meinem Buch »Prosperity Consciousness«:

»Beurteile den Tag nicht nach dem, was du erntest, sondern nach dem, was du säst.«

»Wer das Beste aus dem macht, was er schon hat, wird mit immer weniger Aufwand immer mehr bekommen.«

15 DIE KRAFT DER BEWEGUNG

Ich kann es nicht wissenschaftlich belegen, aber es scheint, als ob Bewegung Gelegenheit und Geld anzieht. Geld muss fließen und in Bewegung sein, um mehr von seiner Art anzuziehen (daher bedeutet das alte hebräische Wort für Geld »damin« auch Wasser und Blut), und du musst in Bewegung sein, um attraktiv für Geld zu sein. Ich habe die Erfahrung gemacht, dass jemand, der die unbewegliche Lähmung der Angst und Vermeidung von Verantwortung durchbricht, mehr Geld anzieht. Tatsächlich steckt die Welt voller wundervoller Ideen, aber nur sehr wenige handeln tatsächlich danach. Wie oft habe ich die Aussage »Ich hatte die gleiche Idee, bevor Sie sie hatten« gehört, aber festgestellt, dass sie nicht danach gehandelt haben. Gehe deshalb schnell und entschlossen auf deine guten Ideen ein. Andernfalls wird jemand anderes die Idee aus dem kollektiven Bewusstsein fischen und umsetzen.

Einer der größten Fehler aller Zeiten, den ich entdeckt habe, sind Menschen, die aufhören, sich zu bewegen, wenn der vermeintliche »Erfolg« eintritt. Sie scheinen etwas Bemerkenswertes zu erreichen oder ein wirklich gutes Angebot zu erhalten, halten dann inne und staunen über den »Erfolg«. So eingängig es auch scheint, es ist besser, sich weiter zu bewegen, wenn die Dinge in Bewegung geraten, und sich erst auszuruhen, wenn der vermeintliche »Erfolg« als tatsächlicher Erfolg voll zum Tragen gekommen ist. Ein gutes Beispiel dafür ist ein Kunde von mir, der zu einer Talkshow im nationalen Fernsehen eingeladen wurde, um über sein Unternehmen zu sprechen. In diesem Moment dachte er, er hätte es geschafft, und hat seine Aktivität stark reduziert, sich auf seinen Lorbeeren ausgeruht. Eine Woche später wurde die Show abgesagt und seine Einladung widerrufen. Die Lektion, die ich in solchen Fällen immer wieder teile, lautet: »Das nächste Mal bewahren Sie ihren Zustand und Ihren Schwung.«

Die Dualität, die hier angesprochen wird, ist Bewegung und Bewegungslosigkeit. Meditation ist vollkommene Bewegungslosigkeit und aus einem guten Schlaf oder einer guten Meditation kann eine gute Bewegung entstehen. Dies ist ein weiterer Grund, zumindest ein bisschen Meditation zu üben oder im Park spazieren zu gehen. Bewegung kann auch bedeuten, bei geselligen Anlässen zu erscheinen, anstatt in deiner Komfortzone zu Hause zu bleiben. Tatsächlich ist dies eine der beliebtesten Möglichkeiten, um sich in Bewegung zu setzen und diese Zone der »Sicherheit« zu verlassen. Es könnte bedeuten, eine Liste nicht abgeschlossener Aufgaben zu erstellen und sie alle an einem Tag als eine Art Super-Bereinigung zu erledigen. Dies kann bedeuten, dass du mehrere Kontakte oder Projekte initiierst. Dies kann bedeuten, dass du dein Produkt oder deine Dienstleistung neu positionierst. Und obwohl ich es nicht beweisen kann, ist es, als ob Bewegung selbst für Wohlstand attraktiv ist, während Lethargie und Apathie den Wohlstand verringern. Alles verlieren, alles gewinnen.

Ich habe in meinem Leben mit ein paar Selfmade-Millionären gesprochen und mit ihnen gearbeitet. Eines der Dinge, die acht von zehn von ihnen gemeinsam haben, ist, dass sie zu einem bestimmten Zeitpunkt in ihrem Leben »alles verloren« haben (bankrottgegangen sind). Tatsächlich hat »alles verlieren« sie reich gemacht. Zum Beispiel hat einer von ihnen ein Vermögen von 300.000 Dollar verloren. Wenige Jahre später verfügte er über ein Vermögen von 15 Millionen.

Gestatte mir zu erklären, warum es dich reich machen kann, alles zu verlieren. Wenn du dich wohlfühlen kannst, wenn du »alles verlierst«, wenn du diesen Zustand nutzen kannst, um die Angst vor Geld zu überwinden, wirst du magnetisch für Geld. An diesem Punkt in deinem Leben stellst du fest, dass Reichtum leicht zu ersetzen ist. Wenn du die wahre Quelle des Reichtums kennst, weißt du, dass du sie jederzeit ersetzen kannst. Wenn du der Meinung bist, dass die Quelle des Wohlstands dein Job ist und du deinen Job verlierst, kannst du ihn nicht ersetzen. Aber wenn du weißt, dass deine innere Anziehungskraft und das unendlich reichliche Universum selbst die Geldquelle sind, weißt du, dass es egal ist, wie viel du verlierst, weil du es jederzeit neu erschaffen kannst. Mehrere wissenschaftliche Experimente haben diesen Punkt bewiesen. Zum Beispiel hatte ein Dokumentarfilmer im Jahr 2005 die Idee, einem zufälligen Obdachlosen 100.000 Dollar in bar zu geben, wenn er sich bereit erklärte, den Filmemacher ihm folgen zu lassen, um zu filmen, wie sich sein Leben von dort aus entwickelt. Nur ein halbes Jahr später war die Person erneut pleite und obdachlos. Dies ist keine Überraschung für jeden, der das Gesetz der Anziehung versteht. Weil der Mensch seine innere Programmierung – sein Wohlstandsbewusstsein – nicht geändert hat, folgt logischerweise, dass er nichts anderes anziehen kann, egal wie viel Geld ihm zugefallen ist.

Aus diesem Grund halte ich es auch nicht für gut, im Lotto zu gewinnen. Ein Haufen Geld für nichts hilft dir nicht, das Bewusstsein für inneren Reichtum zu entwickeln und die Schlüssel zum Spiel des Lebens selbst zu finden. Du wärst dann immer auf andere angewiesen, um dir zu helfen. Aber wenn du Wohlstandsbewusstsein erlernst, brauchst du nie wieder jemanden, der dir hilft.

Die Lösung für die Probleme der Dritten Welt ist keine finanzielle Hilfe, sondern finanzielle Bildung. Umgekehrt, wenn eine Person, die reich an Geld ist, ihr gesamtes Geld verliert, wird sie es innerhalb von Monaten zurückbekommen, weil sie furchtlos ist. Du erkennst, dass Geld nur Papier oder eine Zahl mit einer Reihe von Nullen ist. Wahrer Reichtum ist eine innere Eigenschaft, die innere Wahrnehmung von Chancen, die innere Wahrnehmung von Werten, die innere Wahrnehmung der Freude, körperlich zu sein und Tag für Tag positive Maßnahmen zu ergreifen. Hab keine Angst davor, »alles zu verlieren, was du hast«, denn als Kind des Allerhöchsten bist du für immer mit der Unendlichkeit verbunden und »verlierst« eigentlich nie etwas. Es steht dir frei, vollständig zu geben und vollständig zu empfangen.

16 WOHLHABEND SEIN

Mein bekanntestes Fachgebiet ist das Geld-Coaching. Mir macht es besonders Spaß, Künstlern und Kreativen dabei zu helfen, das alte Klischee des »armen Künstlers« zu durchbrechen und sich einen finanziellen Überfluss zu verschaffen. Ich würde gerne in einer Welt leben, in der Bomben nicht das teuerste Gut sind, sondern die Werke von Künstlern und spirituellen Heilern. Gegenwärtig schätzen wir Bomben, die Milliarden kosten, viel mehr als Künstler. Um wohlhabender zu werden, ist es hilfreich zu wissen, wie wohlhabende Menschen denken, sich verhalten und wer sie sind. Warum? Weil du nur das werden kannst, was du ausstrahlst (durch das, was du denkst, was du tust und wer du bist).

Mehr als achtzig Prozent aller reichen Menschen sind heutzutage nicht mehr in erster Linie durch Erbschaft (wie vor hundert Jahren), sondern durch ihren eigenen Einfallsreichtum und ihre Arbeit dazu gekommen. Der Weg zum Reichtum führt nicht mehr über die Eltern und nicht mehr in erster Linie über das College oder die Universität, sondern über den Menschen selbst. Die Vorstellung, dass die Reichen ihren Reichtum durch Günstlingswirtschaft erhalten, gilt nicht mehr. Heute gibt es eine beispiellose Menge wohlhabender Menschen – mehr als jemals zuvor in der Geschichte der Menschheit. Früher konnte nur die Oberschicht an Reichtum gewinnen. Die alte Ordnung der Dinge wurde gestürzt. Heutzutage sind große Teile der Mittelschicht tatsächlich wohlhabender als früher die Oberschicht (einige Könige des Mittelalters hatten nicht einmal Toiletten in ihren Häusern).

Eine Sache, die die Menschen davon abhält, selbst reich zu werden, ist die Trennung, die sie in ihren Gedanken vollziehen. Sie denken, die Reichen wären irgendwie überlegen und besonders. Aber das sind sie nicht. Die Reichen fördern diese Ansicht, indem sie sich überlegen und besonders verhalten. In Wirklichkeit sind Millionäre ziemlich gewöhnlich. Wenn die Leute wüssten, wie gewöhnlich sie sind, gäbe es viel mehr Millionäre. Die Trennung ist eine, die im Geist erzeugt wird. Wenn du lernst, dich mit dem zu identifizieren, was am höchsten und am größten ist (Unendlichkeit selbst), sieht alles andere im Vergleich klein aus – einschließlich der »Reichen«.

Eine weitere falsche Vorstellung ist, dass die Reichen optimistisch sind, weil sie so viel Geld haben. Das Gegenteil ist der Fall: Sie haben so viel Geld, weil sie optimistisch waren.

Ein weiterer beliebter Mythos besagt, dass Geldverdienen bedeutet, Geld von jemand anderem zu nehmen, als wäre das Universum ein Nullsummenspiel. Das Universum ist jedoch unendlich wohlhabend und es würde mehr als genug für jeden geben, wenn die Menschen es zulassen würden. Geld zu verdienen bringt andere nicht in eine benachteiligte Position. Wenn du Geld hast, bedeutet dies, dass du jemand anderem etwas von Wert zur Verfügung gestellt hast. Darüber hinaus bist du jetzt in der Lage, anderen zu helfen. Durch mein eigenes Glück konnte ich vielen anderen Jobs, Spenden und Unterstützung zukommen lassen. Die Reichen erkennen, dass Arbeit nichts mit Einkommen zu tun hat, genauso wie der Preis nichts mit dem Produkt zu tun hat. Menschen mit weniger Geld können sich mit diesen Einstellungen sehr unwohl fühlen. Einige würden gerne eine Million dafür erhalten, dass sie überhaupt nichts tun, und würden eine Million für ein Produkt ausgeben, das tatsächlich nur tausend wert sein kann.

Ich arbeite für mein Geld, aber es ist Arbeit, die so angenehm ist, dass es sich nicht nach Arbeit anfühlt. Ich würde es auch tun, wenn ich nicht dafür bezahlt werden würde. Diese Art von Leidenschaft generiert automatisch Einkommen, weil die innere Motivation nicht durch »Geld wollen« (Mangel), sondern durch eine tiefere Verbindung zum Leben angetrieben wird. Ein Preisbeispiel, das nichts mit dem Produkt zu tun hat: Eine Gucci-Handtasche ist nur ein Stück Stoff. Es ist eigentlich wertlos. Aber kleben Sie ein »Gucci«-Label drauf und die Leute sind bereit, tausende dafür zu bezahlen. Warum? Weil sie keine Fakten / Realität (ein Stück Stoff) kaufen, sondern Emotionen / Erfahrungen / Status. Leider ist der Preis völlig relativ und willkürlich und hat keinen Bezug zu Fakten. Wenn du tausend Dollar für ein Stück Stoff verlangst, wird da draußen jemand sein, der bereit ist, es zu bezahlen.

Wenn Wohlstand dein Ziel ist, ist es natürlich hilfreich, an den Orten zu sein, an denen Wohlstand herrscht. San Jose, Kalifornien, Manhattan, Thousand Oaks, Naples, Florida, Bridgeport, CT sind sicherlich wohlhabendere Orte als Buffalo, NY oder Billings, MT. Wenn du ein Schmetterlingsjäger bist, möchtest du natürlich dort sein, wo es Schmetterlinge gibt. Anstatt sie mit deinem Netz zu jagen und dich selbst zu erschöpfen, möchtest du stattdessen den Duft besitzen, von dem sie angezogen werden. Die letzten beiden Sätze fassen genau zusammen, wie Geld verdient wird, und lassen keinerlei Fragen offen.

17 FAKTOREN, DIE REICHTUM ERZEUGEN

Dies sind die Faktoren, die meiner Erfahrung nach Überfluss und Geld erschaffen.

1. ANZIEHUNGSFELDER

Der wichtigste Faktor ist wirklich das Gesetz der Anziehung, durch das du immer mehr von dem bekommst, was du bereits hast. Wenn du bereits reich bist, ist es einfacher, die gleiche Menge oder mehr zu gewinnen. Wenn du andererseits nicht reich bist, musst du dir viel Mühe geben, um aus deinem alten

Anziehungsfeld herauszukommen. Denke daran, dass es dem Anziehungsfeld des Reichtums nichts ausmacht, Geld zu geben (Dienstleistungen, Produkte, Geld) und beachte, nicht zu oft (und wenn ja, dann auf freundliche Weise) über Geld im ursprünglichen Sinn nachzudenken.

2. DER GLAUBE AN HÖHERE QUELLEN

Wie bereits in meinem Buch »Prosperity Consciousness« gezeigt, sind Menschen, die glauben, in einem Universum des Überflusses zu leben, welches sie versorgen kann, statistisch gesehen reicher als diejenigen, die dies nicht glauben. Aus der Vogelperspektive betrachtet, wird nicht nur Geld selbst als Überfluss angesehen, sondern auch materielle Ressourcen, Informationen, Freunde und alles andere unter der Sonne. Die Beschränkung des Universums auf Geld und die Betrachtung von Zahlen, um den eigenen Erfolg zu definieren, unterbindet den Fluss der Fülle.

3. AUFWAND

Solange du nicht emotional, in Aktion und in deiner Umgebung in einem Anziehungsfeld und dem Moment des Wohlstands schwingst, musst du dich anstrengen, um Wohlstand zu erschaffen. X Aufwand erzeugt X Ergebnismenge. Was du tust, ist oft zweitrangig. Der Hauptfaktor ist die Absicht hinter dem Aufwand. Der Aufwand als Faktor ist nicht ganz so bedeutend wie der Faktor Anziehungsfeldern, aber manchmal ist ein gewisser Aufwand erforderlich, um in die Mühelosigkeit bei der Kreation zu gelangen.

4. FACHWISSEN

Ähnlich wie beim Aufwand spielt auch deine Fachkompetenz in jedem Bereich eine Rolle. Menschen, die sich mit etwas auskennen, werden mit größerer Wahrscheinlichkeit dafür bezahlt. Fachwissen bedeutet, dass du genügend Zeit und Aufmerksamkeit auf etwas gerichtet hast und daher Menschen helfen kannst, die sich mit den jeweiligen Fähigkeiten oder Themen nicht auskennen. Dies kann auch finanzielles Fachwissen einschließen, es gilt jedoch für alle Arten von Fachwissen.

Wenn du genauer hinschaust, wirst du sehen, dass diese vier Faktoren miteinander zusammenhängen. Um in irgendetwas Fachwissen zu erlangen, sind einige Anstrengungen erforderlich. Sobald du über Fachwissen verfügst, kannst du das Anziehungsfeld leichter betreten. Wenn du dich jedoch bereits auf dem Gebiet des Wohlstands befindest, gewinnst du leicht mehr Wissen und damit auch mehr Fachwissen.

Der Weg zum Wohlstand für jedermann, überall, besteht darin, sich im Bereich wohlhabender Gedanken, Handlungen und Orte aufzuhalten (anstatt über Geld nachzudenken), zu geben, Unterstützung von oben anzufordern, zu arbeiten (Anstrengung) und ein Experte für etwas zu werden, was du tust, dann für andere zu sorgen.

18 WOHLSTANDSTEST

Dieser Test zeigt Wohlstandsverhalten von niedrig bis hoch und gibt dir eine Vorstellung davon, wo du in Bezug auf finanzielle Fülle stehst.

WIE SELBSTMOTIVIERT BIST DU?

- Ich glaube nicht, dass es so wichtig ist, Maßnahmen zu ergreifen.
- Wenn es jemanden gibt, der mich motiviert, ergreife ich Maßnahmen.
- Ich ergreife nur dann Maßnahmen, wenn ich Lust dazu habe.
- Ich brauche einen guten Grund, um etwas zu unternehmen, dann tue ich es.
- Ich initiiere regelmäßig Visionen, Aktionen und Projekte.

WO SUCHST DU AM HÄUFIGSTEN RAT IN BEZUG AUF ERFOLG?

- Aus Büchern über den Erfolg
- Aus Büchern von erfolgreichen Menschen
- Indem ich Zeit mit erfolgreichen Menschen verbringe
- Von innen / spirituell

WIE REAGIERST DU AUF EINE ZEIT DER KRISE?

❖ Ich werde emotional.
❖ Ich ignoriere die Situation.
❖ Ich unternehme viel, um die Situation zu verbessern.
❖ Ich versuche, ruhig und gelassen zu bleiben.

WENN ICH UM GELD BITTE ...

... fühle ich ein Gefühl von Schuld oder Verlegenheit.
... habe ich das Gefühl, mehr zu wollen.
... fühle ich mich neutral.
... habe ich das Gefühl, dass ich es verdient habe.
... fühle ich mich gut.

WENN ICH GELD GEBE ...

... fühle ich ein Gefühl des Verlustes.
... fühle ich mich neutral.
... habe ich das Gefühl, dass ich etwas zurückhaben möchte.
... fühle ich mich gut.

DIE QUELLE DES GELDES IST/SIND ...

... die Regierung.
... Beruf / Arbeit.
... meine Fähigkeiten / Kenntnisse.
... Universum / Geist / Gott.

WENN ICH KEIN GELD MEHR HABE …

... verzweifle ich.
... werde ich wütend oder ängstlich.
... bleibe ich ruhig.
... tue ich viel.
... wache ich auf.

ÜBER GELD GLAUBE ICH:
- ❖ Der Vorrat ist begrenzt.
- ❖ Geld ist nicht wichtig.
- ❖ Geld ist sehr wichtig.
- ❖ Es ist genug für alle da.
- ❖ Geld ist, was es ist.

MIT MEINER ERSTEN MILLION MÖCHTE ICH ...
... eine ewige Party machen.
... um die Welt reisen.
... ein Haus und ein Auto kaufen.
... Schulden bezahlen.
... für meine Familie sorgen.
... meine Karriere aufbauen.
... in ein visionäres Projekt investieren.
... in Immobilien oder andere Vermögenswerte investieren.

UM ERGEBNISSE ZU ERZIELEN, MUSS ICH ...
... die richtigen Gene haben.
... glücklich sein.
... mich kaputtarbeiten.
... Verbindungen haben.
... das richtige Karma haben.
... Geld investieren.
... Zeit investieren.
... Aufmerksamkeit investieren.
... Herzblut investieren.

FINANZIELL GESEHEN, BEKOMMEN WIR NORMALERWEISE, WAS WIR ...

... brauchen.

... wünschen.

... erarbeiten.

... verdienen.

... verhandeln.

... anziehen.

... präsentieren.

MILLIONÄRE SIND IM ALLGEMEINEN ...

... böse.

... wahnsinnig.

... gierig.

... einsam.

... arrogant.

... visionär.

... gut.

... fokussiert.

... normale Leute.

WELCHER FOKUS IST WICHTIG FÜR EIN ERFOLGREICHES GESCHÄFT?

❖ Sich auf Details konzentrieren.

❖ Sich auf das Gesamtbild konzentrieren.

❖ Sich auf Details und das Gesamtbild konzentrieren.

❖ Nichts des Obengenannten.

19 WOHLSTANDSCHECKLISTE FÜR FORTGESCHRITTENE

Diese Checkliste enthält lediglich Grundsätze. Es liegt an dir, dir konkrete Beispiele auszudenken und diese umzusetzen. Ich weiß, dass nur sehr wenige Menschen diese Art von Wissen anwenden. Es liegt in deiner Verantwortung, wie viel davon du anwendest. Ich weiß auch, dass diejenigen, die es anwenden, einen Anstieg des Wohlstands erleben. Nichts von dem, was hier geschrieben steht, ist ein Ersatz für das, was in meinen Büchern bereits gelehrt wurde. Sie sind Ergänzungen für fortgeschrittene Praktiker des Vermögensaufbaus. Vergleiche jeden Punkt der Checkliste mit deinem Unternehmen, um Verbesserungen zu erzielen.

❖ Bitte darum, ohne Zweifel oder emotionale Vorbehalte bezahlt zu werden. Gib all deine Scheu auf, Geld zu nehmen. In einem unendlich reichhaltigen Universum hat das Geld, das du erhältst, nichts damit zu tun, wie viel andere haben. Wenn du zum Beispiel einer Familie, die du als »arm« ansiehst, einen hohen Betrag in Rechnung stellst und sie dies zahlen, ist dies nicht ihr »Verlust«, sondern ihr Gewinn, weil sie den Mut hatten zu geben. Sie werden dafür reicher. Habe kein Mitleid mit ihnen. Nach dem freien Geben ist das freie Nehmen ein wichtiger Vermögensmagnet. Verzichte auf alles Unwohlsein, alle Scham und

Schuldgefühle in Bezug auf Geld in der Gewissheit, dass es unendlich viel gibt.

❖ Was 90 Prozent der Menschen über Geld sagen und denken, ist falsch. Andernfalls wären sie Teil der 10 Prozent der reichen Leute. Daher sind die meisten Bücher, Websites, Vorträge, Lehrer, Zeitungen, die sich zu Geld äußern, falsch. Lasse dich nur von Wohlhabenden beraten. Lerne und ahme ihre Energie nach, »tue so, als ob«, sei ihnen nahe und lerne von ihnen. Nur in ihrer Nähe zu sein, färbt auf dich ab und macht dich zu einem Reichtumsmagneten. Wenn du Freunde hast, die keine Magneten für Wohlstand sind, kannst du von ihnen lernen, indem du anders denkst, sprichst und handelst als sie.

❖ Mache dir täglich bewusst, wie viel Wohlstand vorhanden ist. Anstatt den erschreckenden Medienberichten zuzuhören, die von einer Rezession in einer Zeit sprechen, in der jedes Kind ein iPad hat, solltest du beachten, dass es heute mehr Millionäre als je zuvor in der Geschichte gibt. Beachte die Fülle um dich herum jeden Tag. Auf diese Weise programmierst du dein Körper-Geist-Unterbewusstsein, um Wohlstand anzunehmen. Fast jeder findet immer »auf mysteriöse Weise« das Geld, um das zu kaufen, was er kaufen möchte, sodass es nicht an zahlungsbereiten Kunden mangelt. Du trägst die volle Verantwortung für die Art von Kunden, die du anziehst. Beachte, für welchen Unsinn viele Menschen Tausende, Hunderttausende und sogar Millionen ausgeben. Wenn du siehst, wie eine alte Dame 200.000 Dollar für die Pflege, Kleidung und den Urlaub ihrer Welpen ausgibt, wirst du feststellen, dass es keine Schande ist, ein bisschen mehr für deine eigenen, wahrscheinlich nützlicheren Produkte und Dienstleistungen zu verlangen. Egal, welchen Preis du verlangst, du wirst immer jemanden finden, der bereit ist, das auszugeben. Denke daran, dass die Leute im Allgemeinen nicht so sehr an Dingen interessiert sind, die sie leicht haben können.

❖ Wisse, dass das Universum / Gott / das energetische Feld die Quelle ALLEN Wohlstands ist, und nicht dein Job, nicht deine Fähigkeiten, nicht wie lange du gearbeitet hast. Suche in allen Notfällen zuerst nach der wahren Quelle. Aus diesem Grund kann jeder verlorene Wohlstand ersetzt werden und du bist nicht auf einen bestimmten Arbeitsplatz oder eine irdische Einkommensquelle angewiesen. Darüber hinaus kannst du alles, was du in der Vergangenheit aufgebaut hast, problemlos neu aufbauen.

❖ Konzentriere dich auf das, was du kontrollieren kannst (dein Verhalten, deine Energie) und nicht auf das, was du nicht kontrollieren kannst (Ergebnis, äußere Umstände).

❖ Du bekommst nicht das, was du verdienst, und du bekommst nicht das, was fair ist. Diese Ideen halten viele Menschen arm. Du bekommst, was du anziehst (denkst, sagst, tust, Wert erschaffst) und was du verhandelst. Egal, wie viel Talent du hast, wie viele gute Ideen du hast, wie lange du gearbeitet hast, wie hart du gearbeitet hast – diese Dinge berechtigen dich nicht zu Reichtum. Das tut nur der tatsächliche Wert, den du den Menschen bietest. Überlege dir also, warum die Leute dir ihr Geld geben sollten. Sobald du einen sehr guten Grund dafür hast, werden sie es.

❖ Es liegt nicht in deiner Verantwortung, das Leben deiner Kunden zu verbessern. Es liegt in ihrer Verantwortung. Wenn du ein gutes und durchdachtes Produkt hast, hast du deinen Beitrag geleistet.

❖ Gehe hinaus, erlaube dir, in der Öffentlichkeit zu sein, ein Ziel zu sein, ein Experte zu sein (ein Experte zu sein, ist selbsterschaffend und hat nichts mit Referenzen zu tun, nur mit dem Image, das du dir zulegst), sei eine Berühmtheit. Schließe dich anderen Experten und Prominenten an, die du magst. Prominent zu sein, hat eine enorme Marketingkraft, weil die Menschen alle Arten von Tugenden und Magie damit verbinden.

❖ Definiere immer wieder den tatsächlichen Wert, den du dir und deinen Kunden bieten musst. Jeder, der jemals reich geworden ist, hat dies getan, weil er etwas anbietet, für das es sich zu bezahlen lohnt. Dies ist die zentrale Mission eines Vermögensmagneten. Frage dich: »Warum sollten die Leute mir all dieses Geld geben?«

❖ Handele, ob du Lust dazu hast oder nicht. Lasse nicht zu, dass Emotionen dein Handeln bestimmen. Lasse zu, dass das Handeln gute Emotionen hervorruft. Auch wenn du keine Lust dazu hast, gehe heute Abend zu dieser Dinnerparty. Auch wenn du keine Lust dazu hast, sei für eine Stunde nett zu diesem Investor. Auch wenn es umständlich ist, kümmere dich um frühere Kunden. Auch wenn es gut läuft, achte weiter auf Details. Wenn du jetzt nur ein wenig Schmerz für große Belohnungen in Kauf nehmen musst, ist dies besser, als ein wenig Schmerz zu vermeiden, der später zu größeren Schmerzen führt. Sei bereit, Verzögerungen zu stoppen und mache die Kleinstarbeit, zu der niemand sonst bereit ist. Ich kenne zum Beispiel einen Autor, der sich über Geldmangel beschwert, aber zu faul ist, um seine

Bücher als Kindle-Version hochzuladen. Es dauert nur 15 Minuten seines Lebens und bietet dennoch Einkommen für den Rest seines Lebens. Er sagt zu mir: »Kindle-Bücher bringen nicht viel.« In einem Zehnjahreszeitraum bringen sie jedoch eine Menge, ganz zu schweigen von den anderen Möglichkeiten, die mehr Leser erschaffen. Die meisten Menschen sind nicht reich, weil sie einfach zu faul und bequem sind, um ein paar Details richtig zu machen, sofort auf gute Ideen zu reagieren. Aktion selbst ist wohlstandsanziehend. Großer Wohlstand kann die Kombination vieler kleiner Dinge sein, von denen jedes für sich nicht viel Geld einbringt, aber zusammengenommen bilden sie eine Masse.

❖ Finde heraus, wo deine besten Kunden sind und mache dich dort bekannt. Werbe nur an Orten, an denen das, was du zu bieten hast, stark erwünscht ist. Werbe nur auf eine Art und Weise, die diese Leute anspricht. Verlasse dich nicht auf Vermarkter außerhalb deiner Nische oder deines Geschäfts, um Werbung zu schalten. Diejenigen, die Werbung und Marketing für dich betreiben, sollten dein Geschäft genau kennen.

❖ Demonstriere den Wert, den du in Videos, Shows, Teleseminaren, Webinaren und Live-Vorträgen anbieten kannst, auch wenn einige davon kostenlos sind. Du kannst nur verkaufen, was du demonstrieren kannst.

❖ Ruhe dich nicht auf deinen Lorbeeren aus. Wenn du einen großen Auftrag im Wert von 50.000 Dollar bekommst, sieh dies nicht als Endergebnis oder Ergebnis, sondern als Teil eines größeren Prozesses, als »nur den Anfang« einer ganzen Reihe von nachfolgenden Gelegenheiten. Betrachte die Dinge nicht als Standbild, sondern als ganzen Film.

❖ Finde etwas Einzigartiges über dich und deine Dienstleistung oder dein Produkt und betone deine Exklusivität, deine Einzigartigkeit, deine Seltenheit. Was anders ist, ist wohlstandsanziehend.

❖ Sei jederzeit zuverlässig und vertrauenswürdig. Versprich niemals mehr, als du liefern kannst. Ein gemäßigtes Versprechen ist besser als ein großes Versprechen, das nicht eingehalten wird. Wenn große Versprechungen nicht eingehalten werden, können sie zwar ein vorübergehendes Einkommen generieren, aber kein langfristiges Vertrauen in dich schaffen. Als langfristige Strategie ist es besser, auf Hype und Übertreibung zu verzichten. Leider machen die meisten Vermarkter dies falsch und du wirst in einigen Jahren keines ihrer Unternehmen mehr sehen.

❖ Frage und es wird gegeben. Bitte die Menschen um Unterstützung, Ressourcen, Informationen, Hilfe, Unterstützung, Zusammenarbeit und Empfehlungen. Zögere nicht, die Leute helfen gerne.

❖ Erschaffe eine Balance zwischen dem, was du genießt (Glück und Leidenschaft), und den Wünschen der Kunden (Marktanforderungen). Nur deiner Glückseligkeit oder nur den Marktanforderungen zu folgen, ist töricht. Wenn es deine Leidenschaft ist, Musik der 1920er Jahre aus Rumänien zu sammeln, es aber keine Nachfrage auf dem Markt gibt, sollte dies nicht deine Aufgabe sein, da dir Kunden fehlen, um erfolgreich zu sein. Wenn auf dem Markt eine Nachfrage nach Verkaufsautomaten besteht, du diese jedoch nicht ausliefern kannst, sollte dies nicht deine Aufgabe sein, da du nicht genügend Ressourcen hast, um damit erfolgreich zu sein. Finde heraus, was du im Leben willst, was die Leute wollen und stelle aus der Mischung von beidem eine Karriere zusammen.

❖ Sieh Gelegenheiten. Das heißt zu sehen, was viele nicht sehen. Um zu sehen, was noch nicht da ist. Alle großen Unternehmer sahen ein Problem oder etwas, das fehlte, und wandelten es in eine Chance um. Jedes Problem ist tatsächlich eine Gelegenheit, eine Lösung anzubieten.

❖ Wichtiger als die Zeit, die du mit der Arbeit verbringst, ist der Wert, den du erschaffst. Lange im Geschäft zu sein, mag aus Sicht der Öffentlichkeit Vertrauenswürdigkeit bedeuten, aber etwas von Wert zu erschaffen, kann ein Einkommen an nur einem Tag generieren, das zehn Jahre lang fehlte.

❖ Denke nicht an das Einkommen, sondern an den Wert. Ich habe zum Beispiel Bücher geschrieben, die jahrzehntelang einen Wert haben werden, während mein monatliches Einkommen nur vorübergehend ist – es kommt und geht. Ich besitze eine Immobilie, die mehr als hundert Jahre lang einen Wert hat, während mein monatlicher Gehaltsscheck weiterlaufen kann oder nicht. Einkommen ist bedeutungslos. Armutsbewusstsein misst Wohlstand an temporärem Einkommen. Vermögensbewusstsein misst Vermögen an Aktiva und Gerechtigkeit.

❖ Tue so, als ob. Eifere den Reichen nach. Sorge dafür, dass dein Verhalten und deine Ziele kongruent sind. Kongruenz ist zum

Beispiel, wenn du so gekleidet bist, wie du als reiche Person gekleidet wärst. Kongruenz könnte darin bestehen, unsympathische Kunden abzulehnen (wie du es tun würdest, wenn du nicht von dem Geschäft mit ihnen abhängig wärst). Kongruenz ist, dass deine Gedanken, Worte und dein Verhalten übereinstimmen.

❖ Bitte die negativen Menschen in deiner Umgebung, ihre Einstellung einer optimistischeren und lebensbejahenden Haltung anzupassen. Wenn sie es nach einiger Zeit des Versuchens nicht schaffen, trenne dich von ihnen.

❖ Arbeit hat nichts damit zu tun, wie viel Geld du hast. Ein Großteil meines Einkommens stammt zum Beispiel aus Büchern, an denen ich vor Jahren nur einmal gearbeitet habe. Wenn ich heute ganz aufhören würde zu arbeiten, hätte ich immer noch ein Einkommen fürs Leben. Der Wert, den du gibst, bedingt, wie viel Geld du hast. Dies ist jedoch keine Empfehlung, die Arbeit zu beenden. Arbeiten ist gut für andere Dinge: um einen Sinn für Ziele, ein Gefühl für Verdienste und ein Gefühl für Errungenschaften zu entwickeln. Aber anstatt hart zu arbeiten, arbeite klug. Arbeite nicht bis zur Erschöpfung, bis Gesundheitsprobleme auftreten, bis zur Pillenabhängigkeit usw. Vereinbare Arbeit und Spiel, Arbeit und Ruhe, Sein und Tun miteinander.

20 DU KANNST DIR ALLES LEISTEN

Die Vorstellung, dass du dir **alles leisten** kannst, bringt dich dem **Unendlichen Bewusstsein**, mit dem du auf ewig verbunden bist, einen Schritt näher. Du kannst alles sein, tun oder haben, was das Universum bietet, und alles, womit du mitschwingen möchtest.

Beobachte deine Reaktion, wenn ich sage: »Du können dir **alles** leisten.« Sie ist wahrscheinlich »Nein, das kann ich nicht.« Genau dieser Glaube trennt dich von der enormen Fülle, die du bist. Wenn deine Antwort »Ich kann nicht« lautet, höre auf und nimm dir etwas Zeit, um sie zu untersuchen. Ich vermute, dass selbst viele, die mit der Manifestation der Realität vertraut sind, den Glauben haben, dass sie sich nichts leisten können.

Jemand hat mir kürzlich diese E-Mail geschrieben: *Fred, ich liebe deine Artikel so sehr. Ich glaube nicht an dieses manifestierende Zeug, es hat bei mir nie wirklich funktioniert. Aber ich liebe die philosophische Tiefe der restlichen Artikel. Mach weiter so!*

Dies erinnerte mich an die merkwürdige Tatsache, dass ich Leser habe, die meine Werke irgendwie gerne lesen, aber nicht wirklich glauben, dass sie die Kraft haben, Realität zu erschaffen. Ich denke, das ist mit jemandem vergleichbar, der über Gleitschirmfliegen liest, ohne die Lust zu haben, selbst Gleitschirm zu fliegen. Wir lesen Dinge oft aus Interesse, ohne sie selbst zu erfahren.

Trotzdem kannst du dir alles leisten, was du wirklich willst. Denke an etwas, das du willst. Stelle dir vor, du hast es bereits. Fühle das »es schon haben« in deinem Herzen. Mach das jeden Tag. Erlaube dir, dass es ganz einfach ist, dir das so vorzustellen. Dann ist es schon auf dem Weg zu dir. Kompliziert ist es nicht. SPRICH Worte der Fülle. Das gesprochene Denken ist noch mächtiger als das Denken. Sage: »Das kann ich mir leicht leisten«, »Reichtümer sind unterwegs«, »Ich bin über meine wildesten Träume hinaus reich.« Sprich jeden Tag Worte der Macht. Du machst es wahr mit den Worten, die du sprichst. Es kann ein paar Jahre dauern, bis sich deine Worte auf diese Weise verwurzelt haben, aber sie werden es mit Sicherheit tun.

Dies ist keine Aufforderung, verschwenderisch zu sein oder etwas auszugeben, das über deine augenscheinlichen »Mittel« hinausgeht. Wenn du mehr Geld ausgibst, als du zu verdienen glaubst, wirst du in Armut geraten. Es ist eine Einladung, deine Einstellung anzupassen und wieder zu erkennen, wie viel du bereits hast und haben kannst. Diese Art des Denkens wird dich allmählich über deine wildesten Träume hinaus reich machen.

Ein gutes Beispiel für Armutsbewusstsein sind die Leute, die mir schreiben und sich über den Preis für meine Kurse, den Preis für meine Produkte oder die Tatsache beschweren, dass einige meiner Artikel »nur für Mitglieder« und nur gegen Bezahlung zugänglich sind. Es ist, als hätten solche Leser meine Hauptbotschaft missverstanden, die ich hier noch einmal wiederholen werde: Du kannst alles tun oder haben, was du willst, einschließlich Geld, wenn du bereit bist, dich in die richtige Schwingung zu begeben. Du kannst dir einfach alles leisten, was du wirklich willst. **Wenn du Geld ohne Schuld oder Reue ausgibst**, wird es zu dir zurückkehren. Du hast großartige Fähigkeiten und benötigst keine kostenlosen Sachen. Möglicherweise erhältst du viele Dinge kostenlos und das ist in Ordnung, aber du bist nicht darauf angewiesen.

Wenn ich meine Preise aufgrund dieser Beschwerden senken würde, würde ich das Armutsbewusstsein der Menschen stärken. Ich erhalte ungefähr einmal im Monat eine solche Beschwerde. Ich erhalte auch ungefähr einmal im Monat Anfragen für kostenloses Coaching. Ein Mensch, der eine solche Bitte stellt, scheint sich seines enormen Wohlstands und der allgemeinen Energiegesetze, die das Geld regeln, nicht bewusst zu sein. Einige von ihnen sind:

1. Die Fülle des Universums steht dir bereits jederzeit zur Verfügung. Vor einem Monat erhielt ich folgende E-Mail: »Ich kann nicht glauben, dass Sie für dieses Wissen Geld verlangen! Ich werde Ihre Website nicht wieder besuchen!«

Konzentriert auf Mangel, übersehen sie die **unglaubliche Menge an Fülle, die bereits frei verfügbar ist.** Zum Beispiel: Ich habe Tausende von Artikeln geschrieben und Dutzende von Videos gemacht, die frei verfügbar sind. Aber anstatt sich auf die Fülle zu konzentrieren, die ich zur Verfügung stelle, konzentrieren sie sich lieber auf das, was ich nicht kostenlos zur Verfügung stelle. Das kostenlos zur Verfügung gestellte Material ist mehr, als irgendjemand jemals zu diesen Themen benötigen könnte. Ganz zu schweigen von der unglaublichen Fülle an wertvollem kostenlosem Material auf ungefähr einer Milliarde anderer Websites als meiner.

Heißt das, ich biete niemals kostenloses Coaching an? Nein. Nur ein Beispiel: Ich habe im letzten Jahr zwei private Seminare für ungefähr vierzig Personen gegeben. Diese wurden in Krisenregionen der Welt durchgeführt, in denen meine Seminare nicht erschwinglich waren. Ich machte keine Werbung für sie, weil ich der Meinung bin, dass Wohltätigkeit geheim gehalten werden sollte, um nicht als Ego-Tool verwendet zu werden, und auch, damit »freies Coaching« nicht zu etwas wird, was allgemein erwartet wird.

2. Du kannst es dir leicht leisten, wenn du es wirklich willst und es das »wert« ist. Ich erhalte oft die Nachricht: »Ihre Seminare sind lächerlich teuer!« Meine Produkte und Dienstleistungen sind im Vergleich zu anderen Angeboten auf demselben Gebiet nicht teuer. Zum Beispiel kostet der Bereich »Nur für Mitglieder« auf meiner Website 100 USD pro Jahr und bietet Zugang zu Materialien im Wert von mindestens 10.000 USD – das ist der Betrag, den man bezahlen müsste, wenn man jeden Artikel einzeln kaufen würde. Ganz zu schweigen von der Zeit, die man für das Sammeln von Wissensbausteinen aufwenden müsste – etwas, das mich 30 Jahre gekostet hat. Das »Reality Creation Retreat« kostet 2.999 US-Dollar für 70 bis 100 Stunden Training. Die 100 Stunden Training, würde man sie in Einzelsitzungen erwerben, kosten 30.000 USD. Meine Philosophie lautet: Wer das als »teuer« ansieht, ist zunächst nicht bereit für ein Seminar zum Thema »Überfluss«. Stattdessen sollten sie das auf meiner Website und auf tausenden anderer Websites frei verfügbare Material zu ähnlichen Themen studieren.

3. Es ist nicht gut, zu viel »freies Zeug« zu haben. Eine Überfülle an kostenlosen Sachen ist nicht gesund. Es wertet das Produkt oder die Dienstleistung ab und führt zu einer mangelnden Wertschätzung des Empfängers. Eine faszinierende Tatsache: Ich erhalte fast nie Beschwerden von Teilnehmern, die meine Kurse bezahlt haben. Aber ich habe Beschwerden von denen erhalten, die nichts bezahlt haben. Der Grund dafür ist psychologischer

Natur. Sobald du etwas zahlst (Energie investieren), beginnt dein Verstand Gründe zu erschaffen, warum es das »wert« ist. Das heißt, dein Verstand beteiligt sich am Erfolg dessen, wofür du bezahlt hast. Weil es einen Energieaustausch gab – das Geld der Schüler für meine Aufmerksamkeit und Zeit –, fühlt sich der Verstand wohler darin, Wert zu erhalten. Etwas »paradoxerweise« führt eine Überfülle an »freiem Zeug« zu Unzufriedenheit, ähnlich dem Zustand, wenn man zu viele Süßigkeiten isst oder zu viele Filme ansieht oder wenn ein Kind durch zu viele Spielsachen verwöhnt wird.

4. Wenn du für Dinge bezahlst, kannst du mehr Geld anziehen. In den Jahren 2007 bis 2010 habe ich endlose Filme, Bücher und Musik »kostenlos« aus dem Internet heruntergeladen. Dies hat nicht nur meine Wertschätzung für diese Produkte gemindert, sondern auch die falsche Idee, dass ich Geld »spare«, in die Tat umgesetzt. Geld ist Energie und kommt nur dann zu dir zurück, wenn es frei gegeben wird. Anstatt Geld zu »sparen«, habe ich tatsächlich die Überzeugung bekräftigt: »Das kann ich mir nicht leisten.« Also habe ich 2011 aufgehört, es zu tun. Ich wollte nicht mehr zu viel kostenlos und bezahlte gerne für Filme, Bücher und Musik. **Indem ich mein eigenes Geld ohne Reue und ohne Scham frei weggab**, wurde ein **Wohlstandsbewusstsein aufgebaut** und es ging mir finanziell gut.

Dies waren einige Beispiele aus meinem eigenen Geschäftsleben, aber diese Muster laufen in der gesamten Welt ab.

WOHLSTANDSÜBUNG

1. Mache eine Liste der Dinge, die du bekommen würdest, wenn du sie dir leisten könntest.
2. Anstatt sich auf die »Mittel« oder »Geld« oder »wie man sie sich leisten kann« zu konzentrieren, konzentriere dich für jeweils mindestens ein bis zwei Minuten auf die Gegenstände oder **Endergebnisse**. **Fühle** dich, als hättest du sie schon. Dann **sprich**, als hättest du sie schon.
3. Sieh nach, ob du einige der Dinge auf deiner Liste (symbolisch oder tatsächlich) verschenken kannst. Was du frei gibst, wird zu dir zurückkommen.

EIN BEISPIEL

Vor nicht allzu langer Zeit wollte ich meinen eigenen privaten Tennistrainer. Als ich bei Google nach einem lokalen Tennistrainer suchte, fand ich einen, der 200 USD pro Stunde kostete. Anstatt ihn anzurufen, habe ich mich einfach auf das Endergebnis eines Tennistrainers konzentriert. Ich konzentrierte mich für sechzig Sekunden. Unter dem Motto »Was immer du willst, gib es jemandem« (was du gibst, ist, was du bekommst) kaufte ich dann einen Tennisschläger für einen Freund von mir, der Tennis lernen wollte. Ein paar Tage später bemerkte ich bei einem Spaziergang einen Tennisclub. Aus einer Laune heraus ging ich hinein. Der Besitzer war zufällig dort und hat mir ein Tennistraining für 60 US-Dollar pro Stunde vermittelt. Mein Trainer dort hatte den Ruf, der beste Tennistrainer der Stadt zu sein.

Konzentriere dich nicht darauf, wie viel etwas kostet oder ob du es dir leisten kannst oder nicht, sondern konzentriere dich auf das gewünschte Endergebnis, das sich bereits manifestiert.

21 GLAUBENSSÄTZE, DIE DICH REICHER MACHEN

Diese Überzeugungen, die ich in mehr als zwanzig Jahren Beobachtung und Forschung gewonnen habe, haben meine Studenten insgesamt und langfristig entweder ärmer oder reicher gemacht. Du kannst diese Liste verwenden, um deine eigenen Armutsvorstellungen zu ermitteln und in Wohlstandsvorstellungen umzuwandeln. Wenn du der Meinung bist, dass du keinen dieser Armuts-Glaubenssätze hast, lügst du dich selbst an, da 99 Prozent der Bevölkerung mindestens ein oder zwei dieser inneren Programme durchführen. Die falschen Überzeugungen (Überzeugungen, die nicht im Einklang mit den universellen Wahrheiten über die Funktionsweise von Energie stehen) sind nicht nur für den Mangel des Einzelnen verantwortlich, sondern auch für den Mangel ganzer Gesellschaften und Länder. Überfluss ist für jeden einzelnen Menschen möglich, wenn er nur auf das Armutsbewusstsein verzichtet und das Wohlstandsbewusstsein annimmt. Die ersten Aussagen auf der Liste sind die Armutsvorstellungen, gefolgt von Aussagen, die Wohlstandsvorstellungen sind. Ersetze den Armutsglauben durch den Reichtumsglauben. Wenn du dir nicht sicher bist, wie du Überzeugungen ersetzen sollst, oder nicht weißt, wie du Überzeugungen Realität werden lassen kannst, suche dir einen Coach.

ARMUTSGLAUBEN <–> REICHTUMSGLAUBEN

Die Reichen sind böse. <–> Die Reichen unterscheiden sich kaum von anderen Menschen.

Eine Menge Geld zu haben, ist beschämend. <–> Eine Menge Geld zu haben, ist nützlich.

Ich bin getrieben von Emotionen und Begierden. <–> Ich bin von Vernunft und Logik getrieben.

Der Markt wird von Vernunft und Logik bestimmt. <–> Der Markt wird von Emotionen und Begierden bestimmt.

Die Reichen sind oberflächlich. <–> Die Reichen unterscheiden sich kaum von anderen.

Um reich zu werden, muss ich unehrliche Dinge tun. <–> Auf lange Sicht sind Integrität und Zuverlässigkeit Wohlstandsmagneten.

Ich sollte zufrieden sein mit dem, was ich habe. <–> Es ist gut, nach mehr zu streben.

Es ist beschämend, besser zu sein als andere und Neid zu erregen. <–> Es macht Spaß, immer besser zu werden und andere zu inspirieren.

Es ist besser, auf Nummer sicher zu gehen. <–> Hier und da Risiken einzugehen, schafft Vertrauen und Mut.

Ich muss Jobs erledigen, um Geld zu verdienen. <–> Wenn ich meine Leidenschaft mit der Marktnachfrage in Einklang bringen kann, kann ich tun, was ich will, und viel mehr Geld verdienen.

Es ist in Ordnung, die meiste Zeit mit Essen, Trinken, Chatten, Fernsehen und Surfen im Internet zu verbringen. <–> Meine Zeit ist kostbar und ich widme sie produktiven Tätigkeiten.

Etwas anderes (Regierung, Gott, Familie, Lotterie) sollte mir Geld geben. <–> Ich selbst bin voll verantwortlich für mein Vermögen.

Es ist falsch, mehr als andere zu haben. <–> Es ist gut, ein Beispiel dafür zu geben, was möglich ist.

Egoismus ist schlecht. <–> Wenn ich zuerst auf mich selbst achte, habe ich mehr Energie, um auf andere zu achten.

Ressourcen sind knapp. <–> Es gibt eine Fülle von Ressourcen auf der Welt und mehr als genug für alle.

Wenn ich reicher werde, wird jemand anderes ärmer. <–> Wenn ich reicher werde, kommt es dem Ganzen zugute.

Hochschulbildung ist der Schlüssel zum Wohlstand. <–> Selbstvertrauen ist der Schlüssel zum Wohlstand.

Beim Geldverdienen geht es darum, was du tust. <–> Beim Geldverdienen geht es darum, wer du bist.

Die Zukunft ist nicht wichtig. <–> Die Zukunft ist wichtig und ich gestalte die Zukunft heute.

Wenn ich niedrige Erwartungen habe, werde ich nicht enttäuscht sein. <-> Höhere Maßstäbe zu setzen, zieht mich wie ein Magnet nach oben.

Im Leben geht es ums Überleben. <-> Im Leben geht es um Erfahrung, Überwindung von Herausforderungen, Lernen, Freude.

Das Leben ist ein Kampf. <-> Das Leben kann manchmal hart sein, aber wenn ich das Spiel annehme, wird es lustig.

Das Leben sollte einfach sein. <-> Das Leben kann manchmal hart sein, aber wenn ich das Spiel annehme, wird es lustig.

Geld muss verdient werden. <-> Geld ist schon überall, du benutzt es einfach (einschließlich des Geldes anderer Leute).

Ich neige dazu, mehr auszugeben, als ich mir leisten kann. <->
Ich neige dazu, weniger auszugeben, als ich mir leisten kann.

Erfolg ist stressig. <-> Ich fühle mich wohl und friedlich, egal wie erfolgreich ich bin.

Unterhaltung ist wichtig. <-> Die eigene Erziehung ist wichtig.

Geld zu sparen für schlechte Zeiten ist sehr wichtig. <->
Geld für gute Zeiten zu investieren ist wichtig.

Einkommen ist wichtig. <-> Vermögenswerte sind wichtig.

Geld ist wichtig. <-> Fähigkeiten, die Geld verdienen und anziehen, sind wichtig.

Komfort ist wichtig. <–> Mir geht es gut mit Unsicherheit.

Gesundheit ist wichtiger als Geld. <–> Es besteht ein Zusammenhang zwischen Wohlstand und Gesundheit.

Ich muss mich zwischen Familie und Beruf entscheiden. <–> Ich kann alles haben.

Ich muss mich zwischen dem entscheiden, was ich liebe, und dem Geldverdienen. <–> Ich kann alles haben.

Die Reichen sind elitäre und ausschließende Snobs. <–> Ich bin gerne mit Gleichgesinnten zusammen.

Arme Leute halten mich zurück. <–> Ich bin voll verantwortlich für meinen finanziellen Zustand.

Ich brauche nicht alle diese materiellen Gegenstände, deshalb ist mir Reichtum nicht wichtig. <–> Auch wenn keine materiellen Dinge benötigt werden, macht es Spaß, Fülle zu erschaffen und anzulocken.

Ich verdiene mehr. <–> Ich bekomme, was ich energetisch anziehe.

Ich verdiene mehr. <–> Ich bekomme, was ich verhandle.

Ich verdiene mehr. <– > Ich bekomme den Wert zurück, den ich zuerst gegeben habe.

Ich verdiene mehr. <–> Ich bekomme, um was ich gebeten habe, was ich verlangt habe.

Reichtum ist eine Frage des Zufalls oder des Glücks. <–> Reichtum ist eine Frage der Selbstdisziplin.

Es ist unglaublich schwer, sich nach oben zu bewegen. <–> Wenn du dir selbst beibringst, hartnäckig und konzentriert zu handeln, ist das keine harte Arbeit.

Überfluss bedeutet Bargeld. <–> Überfluss kann aus Informationen, Ressourcen, Verbindungen, Erfahrungen, Fähigkeiten, Zugängen, Objekten und vielen anderen Dingen bestehen.

Das Universum ist leer und bedeutungslos. <–> Das Universum ist ein unglaublich reichhaltiger Ort voller Lebensformen, Dimensionen, bewohnter Welten und Ressourcen.

22 STEIGERE DEINEN WOHLSTAND

Du kannst deinen Wohlstand in relativ kurzer Zeit steigern, indem du Folgendes demonstrierst:

1. Mut (initiieren, ein paar Glaubenssprünge machen)
2. Kommunikation (sich da draußen hinstellen, auftauchen, verfügbar sein, ein Netzwerk haben)
3. Geben (an Menschen, aber auch an Projekte)
4. Sinn für Wert / Selbstbewusstsein (Beispiel: Lasse dich nicht von jemandem schikanieren)
5. Mentale Zähigkeit (Beispiel: Nicht erschöpft sein von Gegenwind und Schwierigkeiten)
6. Wahrnehmung (Beispiel: Kenntnis von Einzelheiten in einem Vertrag)
7. Wertschätzung (Beispiel: Ausdehnung des Interesses auf Dinge und Menschen)
8. Glaube an Gott / das Feld / das Universum (als primäre Geldquelle)

ÜBUNG

1. Ordne dich selbst in Bezug auf jeden Punkt auf einer Skala von 1 bis 10 ein.
2. Schreibe auf, wie du jeden der oben genannten Punkte in diesem Monat demonstrieren kannst.
3. Willst du Geld manifestieren? Manifestiere Liebe zuerst.

Student: »Was würdest du tun, wenn du eine Million Dollar hättest?«
Coach: »Ich würde fragen, wo der Rest meines Geldes ist.«

Früher wurde ich wegen Coachings kontaktiert, als es fast zu spät war. Die Leute brauchten eine schnelle Manifestation von Wundern, dringend Bargeld. Es ist möglich, schnelles Geld für Notfallsituationen zu sammeln, aber dies entfernt selten die inneren Programme, die das Problem verursacht haben. Als die »schnelle Manifestation« da war, entspannten sich diese Leute und vergaßen dann alles, um an ihrem Geldproblem zu arbeiten, bis etwas später eine andere »Notsituation« auftauchte. Ich hatte es satt, solche Studenten anzuziehen, und erhöhte meine Coaching-Gebühren. Das verringerte ihr Erscheinen auf ungefähr eine Person pro Jahr.

Wie manifestierst du schnelles Geld in Notsituationen? Nun, du musst dich radikal und konsequent auf Wohlstand konzentrieren, indem du jeden Tag Affirmationen, Absichten oder Bitten aussprichst, bis ein Gefühl der Erleichterung einsetzt. Das wird immer dann funktionieren, wenn du deinen inneren Zustand während der Notzeiten kontrollieren kannst. **Frage und es wird gegeben.** Gestehe deine Mängel und negativen Überzeugungen aufrichtig und ernsthaft ein, lasse sie beim Ausatmen los und konzentriere dich dann auf das, was du manifestieren möchtest.

EINE LANGFRISTIGE LÖSUNG

Nur sehr wenige Menschen sind in der Lage, im Laufe der Zeit einen so intensiven Fokus zu behalten. Möglicherweise können sie dies in Notfällen tun, aber was ist mit dem Rest der Zeit? Damit die Person nie wieder in eine Notgeldsituation gerät, müsste sie ihre grundlegenden Überzeugungen und Vorstellungen über Geld ändern, sie alle auflisten, durch sie hindurchfühlen, sie freigeben, auflisten, was sie stattdessen glauben und fühlen möchte, und nach diesen neuen Überzeugungen handeln. Das ist etwas umfassender als Manifestationsmethoden es sind.

Du kannst nichts in dein Leben hineinziehen, was du in deinem Herzen nicht **als »wahr« empfindest.**

Wenn du eine »Geldnotsituation« hast, musst du deine Einstellung und Beziehung zum Geld **grundlegend** ändern. Die folgende Übung zur Fokusverlagerung ist dafür ein guter Ausgangspunkt. Dies solltest du mindestens einmal im Monat tun, bis deine Finanzen in Ordnung sind.

Eine Möglichkeit ist die Bestandsaufnahme deiner »äußeren« Geldsituation und die Beschreibung deine innere Geldsituation. Im Detail habe ich dies in Kapitel 10 bereits beschrieben.

GELD IST EIN NEBENEFFEKT DER LIEBE

In Kapitel »11. Liebe erschafft Geld« habe ich bereits die Grundzüge des Themas dargestellt. Hier jetzt noch einige Erweiterungen.

Dich selbst lieben. Wenn du dich liebst, respektierst und ehrst, mit dir mit Sorgfalt, Respekt und Anerkennung umgehst, stoppst du das verzweifelte, rasende und mühsame Jagen nach den Gütern der Welt.

Liebe andere. Alles, was andere jemals wollten, ist etwas Liebe, und wenn du sie einmal liebst, wirst du mehr Geschenke, Geld und Aufmerksamkeit erhalten, als du jemals bewältigen kannst.

Tu, was du liebst, und liebe, was du tust. Es gibt viele andere Schlüssel, aber wenn du diesen entwickelst und erweiterst, werden die anderen Schlüssel sich automatisch offenbaren.

Schau in dich hinein. Sende Liebe.
Schau dich um. Sende Liebe.
Schau über dich. Sende Liebe.

23 SO ERSCHAFFST DU ERFOLG BEI BEWERBUNGEN

Nachdem ich hunderte von Menschen darin geschult habe, sich für eine berufliche Position zu bewerben, werde ich in diesem Kapitel die unterrichteten Techniken zusammenfassen. Unabhängig von der Form oder Methode deiner Bewerbung und deines Bewerbungsgesprächs findest du hier einige Tipps, von denen du einige möglicherweise nirgendwo anders lesen wirst.

Verwende keine vorgefertigten Bewerbungsmuster, schreibe keine Kopien von Bewerbungen anderer Personen und kopiere nicht, was du an anderer Stelle gesehen hast. Verwende auf authentische Art deine eigenen Worte. Wenn sie nicht mögen, wer du wirklich bist, solltest du sowieso nicht dort arbeiten.

Verwende das Wort »Sie« mehr als doppelt so oft wie das Wort »Ich«. Versetze dich in ihre Lage und überlege, was sie wollen, wonach sie suchen. Stimme mit ihnen ab, was du willst, und sage ihnen, was du für sie tun kannst.

Denke daran, dass du kein Bettler bist, sondern ein Dienstleister. Denke daran. Verfalle nicht in die Mentalität, »glücklich zu sein, nur um einen Job zu bekommen«. Sage dir, dass du da bist, um ihnen zu helfen, anstatt von ihnen zu erwarten, dass sie dir helfen. Fasse zusammen, warum du die beste Person für den Job bist.

Sprich langsam und mache Pausen. Setze deine Bewegungen und Sprache bewusst ein. Verringere deine unbewussten Reaktionen.

Kleide dich am Tag des Bewerbungsgesprächs ähnlich wie in der Unternehmenskultur üblich. Wenn du nicht weißt, wie sich die Menschen dort (leger oder förmlich) kleiden, finde es heraus.

Lass los, dass du gemocht werden willst, und mag sie stattdessen. Anstatt zu denken: »Was denken sie über mich?« denke: »Was denke ich über sie?«

Wenn du dem Fragesteller gegenübersitzt, strahle Wertschätzung aus. Deine Anwesenheit ist wichtiger als deine Worte.

Kenne die Materie. Lerne bestimmte Schlüsselbegriffe und Kennzahlen auswendig, damit diese bei Bedarf sofort zur Verfügung stehen.

Genieße den gesamten Prozess. Es macht Spaß, seine besten Seiten zu zeigen.

Alles Gute für dein Vorstellungsgespräch!

24 EIGENTHERAPIE UND REPARATUR DES LEBENS

Dieses Kapitel ist ein Studiengang zur Selbsttherapie und Lebensreparatur. Die Umsetzung seiner Prinzipien bringt dich in eine bessere Verfassung, um mit deinem Leben und dir selbst umzugehen. **Du** entscheidest, mit welcher Achtsamkeit und Sorgfalt du diese Grundsätze anwendest.

Es wird jedem überall helfen, ganz, vollständig und ohne das unnötige Gepäck, mit dem so viele herumlaufen. Mit diesem Studienprogramm hast du ein **verlässliches** Lebenskompetenzprogramm, das dir hilft, eine Vielzahl von Leiden mit ein paar leicht verständlichen Anpassungen im Denken zu lindern. Dieses Programm ist psychologisch und spirituell, stärkt und motiviert, stabilisiert und erfrischt, klärt und regeneriert. Wie effektiv dieses Programm im Vergleich zu anderen ist, zeigen die **Früchte**, die es trägt. Wenn du am Ende des Jahres eine noch strahlendere, selbstbewusstere und ruhigere Person bist, weißt du, dass du Teile der Wahrheit angewendet hast, die dir niemand wegnehmen kann. Und du kannst diese Grundsätze jederzeit wieder auf dich selbst anwenden oder anderen helfen.

PRINZIP 1
Das Leben ist herausfordernd und es gibt kein Glück im Außen

Irgendwo auf deinem Weg, ganz, gereift und in der Realität, musst du akzeptieren, dass das Leben wirklich herausfordernd ist. Das Leben testet dich jeden Tag. Das Leben ist voller Gegensätze, Schwierigkeiten und Probleme. Sobald du erwachsen bist und dies voll akzeptierst, werden Probleme kein Problem mehr sein. Du lässt deine Empörung los, dein Bestehen darauf los, wie das Leben so sein soll, und beginnst, die Karten zu spielen, die du erhalten hast, und **spielst den Ball dort, wo er landet.** Es ist die kindliche Dickköpfigkeit der Menschen, dass das Leben »einfach sein« und »glücklich sein« soll, was viel mehr Schwierigkeiten verursacht, als das Leben sowieso schon bietet. Das Leben soll nicht *immer* harmonisch und friedlich sein. **Es soll kontrastreich, ein Wettbewerb und herausfordernd sein, damit du als Seele wachsen kannst.** Aber wenn du das Leben einmal so annimmst, wie es ist, werden dich diese Herausforderungen nicht mehr überraschen, du widersetzt dich ihnen nicht mehr und du wirst nicht länger von ihnen »überrollt«.

Licht und Dunkelheit werden dir präsentiert, damit du deinen freien Willen ausüben kannst, um zwischen den beiden zu wählen und um Unterscheidungsvermögen zu erlernen. Durch Versuch und Irrtum reifst du und erlebst eine **brillante Komödie**, Tragödie und Achterbahnfahrt von Höhen und Tiefen. Das Leben mag zwar nicht einfach sein, aber es macht bestimmt **Spaß** – gerade weil es nicht einfach ist. Aber es ist einfacher für diejenigen, die verstehen, wie gut es ist, dass es nicht einfach ist. Das Leben kann frustrierend, sich wiederholend, ärgerlich, fröhlich, liebevoll, hoffnungslos, grimmig, amüsant, unbeschwert, warmherzig, böse, gut, genial, brillant, langweilig, faszinierend, gefährlich, verwirrend sein – **kein Zustand, Gefühl oder keine Erfahrung wird deinem Leben fehlen.** Akzeptiere es jetzt und du wirst einen großen Schritt hin zur Vervollkommnung deines Lebens machen. Ob die Negativität des Lebens dich niederdrückt oder nicht, hängt von deinem Widerstand ab. Lasse Widerstand los und akzeptiere ihn und es wird dich nicht stören, sondern motivieren, stärker zu werden. Halte dagegen und leugne und es greift dich so lange an, bis du alle Energie verloren hast. Das Leben ist süß und sauer und es ist das Saure, das es uns ermöglicht, das Süße zu schätzen.

Was damit einhergeht, ist, dass du durch ein äußeres Ereignis, einen Gegenstand, eine Leistung oder eine Handlung, die du unternimmst, nicht »glücklich« werden kannst. Nichts kann dich glücklich machen. Du kannst also genauso gut deine Suche nach Glück aufgeben. Es ist nicht »da draußen«. Du kannst einen angenehmen Zustand in dir selbst erzeugen, indem du dich hinsetzt und atmest oder positiv visualisierst. Aber warte nicht darauf, dass die Welt dich glücklich macht. Du hast diesen Irrglauben angenommen, als du ein Kind warst. Du fühltest dich sehr unwohl ohne Essen. Ein Elternteil brachte Essen. Du hast dich besser gefühlt. Auf diese Weise hast du im Laufe der Zeit geglaubt, dass das angenehme Gefühl von einer externen Quelle kommen muss. Ein Teil des Erwachsenwerdens besteht jedoch darin, die bloße Auswirkung des Verlangens deines Körpers zu überwinden und deinen eigenen Willen, deine eigene Psyche und dein eigenes spirituelles Selbst zu entwickeln. Dieses Ich mag zum Beispiel den Drang zum Essen verspüren, aber es ist nicht mehr vollständig von seiner Wirkung eingenommen. Es kann die Befriedigung verzögern, es kann seinen inneren Zustand verändern, es kann für einige Stunden auf das Essen verzichten und es fängt nicht an zu schmollen und zu schreien, wenn etwas anders läuft als es »soll«.

Es ist auch nicht wahr, dass du glücklich sein »solltest« und »musst«. Es ist völlig in Ordnung, die gesamte Bandbreite und Skala von Emotionen in deinem Leben zu erleben, wenn es angebracht ist. Wenn ich an einer Trauerfeier teilnehme, muss ich nicht glücklich sein. Wenn ich einen Artikel wie diesen schreibe, muss ich nicht glücklich sein. Ich würde es vorziehen, mich zu konzentrieren. Ja, wenn man den Film des Lebens als Ganzes betrachtet, **ist es das allgemeine Ziel, sich allmählich zu verbessern und höhere Zustände zu erreichen.** Aber der Schnappschuss mit dem Namen »Glück«, wie er in Filmen und Werbespots gezeigt wird, ist nur das: ein Schnappschuss. Viele Filme enden mit der Andeutung, dass »sie glücklich gelebt haben«. Wir erwarten, dass ein Film ein »Happy End« hat. Aber diese fröhliche Szene ist nur eine Momentaufnahme. Wenn sie die Situation nach dieser letzten glücklichen Szene filmen würden, würde man sehen, dass das Leben bald eine neue Herausforderung und wieder eine neue und wieder eine neue bereithält. Du würdest sehen, dass dieses sogenannte »Glück« nur für einige Momente andauert.

Wenn du denkst, du vermisst etwas, das als »glücklich« bezeichnet wird, und es irgendwie erwerben musst, befindest du dich bereits auf einem absteigenden Ast. Diejenigen von uns, die sich überhaupt nicht die Mühe gemacht haben, nach diesem »verlorenen Glück« zu suchen, sind normalerweise besser dran. Ihr Zustand wird nicht durch eine Ansammlung von Dingen oder zu befriedigenden Wünschen bestimmt. Es hängt davon ab, wohin deine Aufmerksamkeit geht. Einfach ausgedrückt: Wenn du Gutes tust, fühlst du dich gut. Wenn du nichts Gutes tust, fühlst du dich nicht gut. Gefühle sind ein Leitfaden, der dir zeigt, ob du mit deiner Seele in Einklang bist oder nicht. Es gibt kein letztes Sprungbrett, nach dem du »für immer glücklich« bist. Das Leben ist weiterhin voller Gegensätze. Dennoch behaupten unzählige Lieder, Filme und Bücher, dass man Glück »erreichen« kann. Warum? Ich weiß es nicht. Ich denke, es ist Teil des Spiels, die Leute glauben zu lassen, dass Glück ein Ziel ist, das man erreichen kann. Aber ob du im Lotto gewinnst, Erleuchtung erlangst, deinen Traumpartner findest, den besten Job der Welt bekommst ... das »Glück« dauert nicht länger als ein paar Stunden, Tage oder Wochen. Es ist nicht das, was unendlich und ewig ist. Dies bedeutet nicht, dass diese Dinge keine Bedeutung haben. Aber die Person, die einen Kaffee pro Woche trinkt, bekommt viel mehr Spaß als jemand, der ein paar Tassen Kaffee pro Tag trinkt. Jemand, der viel Geld für einen Urlaub ausgibt, hat mehr Spaß daran als derjenige, der die ganze Zeit Urlaub macht.

Wenn du denkst, du vermisst etwas, das als »glücklich« bezeichnet wird, und es irgendwie erwerben musst, befindest du dich bereits auf einem absteigenden Ast. Diejenigen von uns, die sich überhaupt nicht die Mühe gemacht haben, nach diesem »verlorenen Glück« zu suchen, sind normalerweise besser dran. Ihr Zustand wird nicht durch eine Ansammlung von Dingen oder zu befriedigenden Wünschen bestimmt. Es hängt davon ab, wohin deine Aufmerksamkeit geht. Einfach ausgedrückt: Wenn du Gutes tust, fühlst du dich gut. Wenn du nichts Gutes tust, fühlst du dich nicht gut. Gefühle sind ein Leitfaden, der dir zeigt, ob du mit deiner Seele in Einklang bist oder nicht. Es gibt kein letztes Sprungbrett, nach dem du »für immer glücklich« bist. Das Leben ist weiterhin voller Gegensätze. Dennoch behaupten unzählige Lieder, Filme und Bücher, dass man Glück »erreichen« kann. Warum? Ich weiß es nicht. Ich denke, es ist Teil des Spiels, die Leute glauben zu lassen, dass Glück ein Ziel ist, das man erreichen kann. Aber ob du im Lotto gewinnst, Erleuchtung erlangst, deinen Traumpartner findest, den besten Job der Welt bekommst ... das »Glück« dauert nicht länger als ein paar Stunden, Tage oder Wochen. Es ist nicht das, was unendlich und ewig ist. Dies bedeutet nicht, dass diese Dinge keine Bedeutung haben. Aber die Person, die einen Kaffee pro Woche trinkt, bekommt viel mehr Spaß als jemand, der ein paar Tassen Kaffee pro Tag trinkt. Jemand, der viel Geld für einen Urlaub ausgibt, hat mehr Spaß daran als derjenige, der die ganze Zeit Urlaub macht.

Zurückhaltung ist für deinen Zustand vorteilhafter als Verwöhnen und Überkonsum. Der Verstand nimmt normalerweise mehr auf, als er verarbeiten kann. Er fordert mehr an, als er braucht. Er liest mehr, als er verarbeiten kann. Er kauft mehr Zeug, als er verbrauchen wird. »Zu viel« und »zu wenig« führen zu Unzufriedenheit. In den USA gibt es zum Beispiel viele übergewichtige Menschen, die einfach viel zu viel hatten. Viele von ihnen sind aufgebläht und unzufrieden, weil sie all diese »Dinge« bekommen und sich all diese »Wünsche« erfüllt haben. Andererseits gibt es in Teilen der Dritten Welt viele untergewichtige Menschen, die viel zu wenig haben. Viele von ihnen sind nicht nur unzufrieden, sondern suchen verzweifelt nach Hilfe. Ein Teil des Lernens der Unterscheidung ist zu wissen, was zu viel und was zu wenig ist. **In jedem Fall verbessern Erfahrungen deinen Zustand mehr als Dinge.** Wenn du Geld ausgeben möchtest, gib es für ein Erlebnis aus: eine Massage, einen Sprachkurs, einen Ausflug, ein Seminar usw. Erfahrungen lassen intensivere Erinnerungen aufkommen.

Eine andere Sache, die in Bezug auf Erfahrungen beachtet werden muss, ist, dass die Vorfreude darauf deinen Zustand oft mehr verbessert als die tatsächlichen Erfahrungen. Die Vorfreude auf ein romantisches Date ist oft intensiver als das Date selbst. Die Vorfreude auf einen Urlaub ist manchmal belebender als der Urlaub selbst. Was sagt dir das über das Glück? Dass es im Inneren erstellt wird.

Es kommen regelmäßig Leute zu mir, die sich über »Lebensentscheidungen« ärgern, als ob Entscheidung A sie »glücklich machen« und Entscheidung B sie »unglücklich machen« könnte. Ich versuche ihnen zu sagen, dass die Seele in Realität A oder B glücklich sein kann und dass der Teil von uns, den ich Ego / Verstand nenne, in beiden Realitäten leicht unglücklich ist. Einige heiraten und haben Kinder und ärgern sich später darüber, dass sie die »falsche Entscheidung« getroffen haben, weil sie dachten, dies würde sie »glücklich machen« und sie sehen Singles oder kinderlose Paare, die angeblich »glücklicher« sind. Andere beschließen, nicht zu heiraten und keine Kinder zu haben, und ärgern sich dann darüber, dass sie die »falsche Entscheidung« getroffen haben, weil sie dachten, dies würde sie »glücklich machen«, und sie sehen Ehepaare, die angeblich »glücklicher« sind. Solche Denkprozesse beruhen alle auf der falschen Grundüberzeugung, dass Glück etwas »da draußen« ist.

Wenn du an einem Seminar teilnimmst, oder ein Buch liest in der Erwartung, dass es dich »glücklich macht«, es dies aber nicht tut, sinkt dein Gesamtzustand und deine Lebensenergie aufgrund der enttäuschten Hoffnung. Es ist nicht die Aufgabe des Films, des Programms, des Lehrers oder des Ortes, dich glücklich zu machen. Auf der anderen Seite kannst du den Film, das Programm, das Seminar oder den Ort betreten, an dem du dich wohlfühlst. Dann wirkt sich deine Ausstrahlung auf alles um dich herum aus.

Das Leben ist also eine Herausforderung. Wenn du diese Tatsache voll und ganz akzeptierst, wirst du stärker, härter und viel mehr in der Realität leben. Du wirst aufhören zu erwarten, dass die Menschen perfekt sind. Sie sind fehleranfällig. Du wirst aufhören, auf den fünf Millionen Lotteriegewinn zu warten, um dich zu retten. Das Leben wird nicht einfacher, nachdem du im Lotto gewonnen hast - lies die Geschichten von Lottogewinnern. Du wirst aufhören zu denken, dass der richtige Mann kommen muss, damit dein Leben vollständig ist. Sobald er in deinem Leben ist, wird es noch schwieriger. Je länger du vor der Herausforderung davonläufst und versuchst, sie zu vermeiden, umso schlimmer wird es. Je mehr du das Vermeiden überwindest und dich der Realität stellst, umso besser wird es. Fordere dich selbst und lerne Verzögerung von Freude.

Im »Bliss Course« lehre ich, »Ja!« zu sagen, um Anspannung zu erzeugen. Was passiert, wenn du das tust? Die Spannung und der Stress werden sofort gelöst. Warum das? Weil du nicht länger versuchst, es zu vermeiden. Was machst du, wenn dein Zeitplan das nächste Mal voll ist und jemand dich an diesem Tag treffen möchte? Nun, die Tendenz von jemandem, der Herausforderungen nicht mehr aus dem Weg geht, ist, »Ja!« zu sagen, um diese Person zu sehen. Wenn du in einem Modus lebst, der sich dem Leben nähert, und nicht in einem Modus, der sich außerhalb des Lebens befindet, wirst du feststellen, dass die Dinge nicht nur immer einfacher werden, sondern viele der Probleme dir auch nicht mehr präsentiert werden. Das Leben liefert nur Probleme, die du noch nicht vollständig angenommen / überwunden hast. Sei dankbar, dass sie da sind, um überwunden zu werden. Das Leben ist sehr herausfordernd und das ist sehr, sehr wunderbar.

Wie willst du diese selbsttherapeutische Lektion in deinem Leben umsetzen? Du könntest dies tun, indem du eine Liste von Dingen schreibst, die du seit Tagen, Monaten, Jahren oder Jahrzehnten **vermieden hast**, und dich diesen dann direkt stellen. Auf diese Weise lässt du sie alle hinter dir, anstatt sie vor dir zu haben. Dies gilt sowohl für bedeutende Dinge als auch für die kleinen Dinge des Lebens. Die Leute lieben es zu zögern, aber es ist viel, viel besser, die schwierigsten Dinge zuerst zu tun. Als Mensch hast du die Tendenz, zuerst auf die einfachen E-Mails zu antworten. Reagiere stattdessen **zuerst auf die schwierigen**! Auf diese Art würdest du dich im Sinne dieser ersten Lektion üben. Wenn du ein altes Selbsthilfebuch verwendest, das du bereits besitzt, anstatt ein neues Selbsthilfebuch zu kaufen, übst du im Sinne dieser ersten Lektion. Wenn du deinen Zigaretten- oder Zuckerkonsum um fünfzig Prozent reduzierst und so die Befriedigung deines Bedürfnisses verzögerst und dann viel mehr genießt, würdest du im Sinne dieser ersten Lektion üben. Wenn du dich für die Herausforderung und nicht für die Vermeidung entscheidest, übst du im Sinne dieser ersten Lektion.

Der Sinn des Selbsttherapie-Workshops ist es, dir die Zeit und das Geld zu ersparen, die eine echte Therapie kosten. Die durchschnittliche Therapiedauer beträgt ein halbes Jahrzehnt. Sie hätte durch die Behebung einiger Probleme, bevor sie sich anstauen, eingespart werden können.

PRINZIP 2
Eine gefahrlose Umwelt

Alle Beweise deuten darauf hin, dass es einfacher ist, in einer gefahrlosen Umgebung zu gedeihen. Das heißt nicht, dass du ein Umfeld ohne Herausforderungen hast. Es bedeutet, dass du dir einen Raum schaffst, der fruchtbar, pflegend und angenehm ist. Reinige deine Umgebung.

Entferne dich von ausnutzenden und negativen Menschen und umgib dich mit Menschen, die entweder a) positiv oder b) besser sind als du.

Es gibt viele Leute da draußen, die keinen Müll auf dich abladen. Wenn du »Freunde« oder »Familie« hast, die über Jahre hinweg ständig ihre eigene Negativität auf dich abladen, löse dich aus ihrem Einfluss. Manchmal bist DU nicht das Problem, manche Leute sind nur Arschlöcher, das ist alles. In meiner Coaching-Arbeit mit Menschen habe ich die Tendenz bemerkt, sich für alles die Schuld zu geben. Während es gut und wahr ist, zuerst in sich selbst nach Fehlern zu suchen, ist es nicht sinnvoll, sich selbst die Schuld zu geben. Selbstschuld ist anders als Selbstverantwortung. Nachdem du in dir selbst aufgeräumt hast und die Menschen um dich herum immer noch negativ sind, bedeutet dies, dass es nicht von dir kommt, sondern von ihnen. In jeder normalen Situation kannst du einen guten Weg der Kommunikation finden, indem du in dir selbst aufräumst. Aber ein kleiner Prozentsatz der Menschen wird immer unfreundlich sein, egal wie gut du aufräumst und wie viel Liebe du ausstrahlst. Ergreife also Maßnahmen, um böswillige Personen aus deinem Leben zu entfernen.

Suche nach Freunden, Ehepartnern, Mitarbeitern und Partnern, die besser sind als du. Hier kommt der Teil »Herausforderung« ins Spiel. »Herausforderung« muss nicht gleich »Negativität« sein. Herausfordernde Menschen können deine eigene Negativität zur Sprache bringen, aber sie belasten dich nicht gewohnheitsmäßig mit ihrer Negativität. Wenn du aufgeschlossen bist und dich mit Menschen beschäftigst oder einen Ehepartner findest, die mehr wissen, mehr tun, mehr sind als du, wächst und lernst du.

Denke daran, dass alle guten Beziehungen auf Gefahrlosigkeit und Gegenseitigkeit beruhen.

VERBESSERE DIE UMGEBUNG, IN DER DU LEBST UND ARBEITEST

Deine Umgebung spiegelt normalerweise deinen inneren Zustand wider. Wenn du dich in einem sehr hohen Zustand befinden, kannst du in der Regel auch in einer kargen, lauten und negativen Umgebung gedeihen. Aber die meisten Menschen befinden sich nicht auf solchen Ebenen. Du solltest also versuchen, deine Arbeitsumgebung übersichtlich und sauber zu halten. Es unterstützt deinen Geist, frei von Kabelsalat und sauber zu sein. Du möchtest, dass dein Lebensraum mit Farben, Pflanzen, erfreulichen Dingen, schönen Möbeln, schönen Bildern und Gegenständen, die für dich besonders sind, gestaltet ist. Wenn du den Platz in deinem Wohnraum hast, empfehle ich auch eine Meditationsecke oder einen Raum, in den du dich völlig zurückziehen kannst – eine heilige Atmosphäre, die von den Höhen und Tiefen des täglichen Lebens unberührt bleibt. Ein spirituell erfüllter Lebensstil erfordert etwas Raum zum Meditieren,

Schreiben, Aufzeichnen, Beten oder für andere Dinge, die du tust, um dein Leben zu überprüfen. Tempel, Kirchen, Kathedralen, Moscheen und Synagogen sind gekennzeichnet durch RAUM. Sie sind so geräumig, weil sie die Breite und Tiefe des Geistes repräsentieren, die in einengenden, starren und beengten Umgebungen nicht gedeihen kann.

Wenn du deine Arbeitsumgebung nicht magst, tue etwas, um sie aufzupeppen, oder verlasse sie. Du bist zu wertvoll, um deine Zeit in einem engen Kabuff zu verschwenden. Kein Leser dieses Buches sollte in einer Umgebung ohne jegliche Farben und Leben arbeiten müssen.

Es ist möglich, das Energieniveau eines Raumes zu erhöhen, indem ein oder zwei Objekte höherer Energie hinzugefügt werden. Indem man etwas hinzufügt, das mit Liebe gemacht wurde. Indem man etwas Selbstgemachtes hinzufügt. Indem du etwas von Bedeutung hinzufügst. Indem du Erinnerungen an Inspiration hinzufügst. Oder indem du ein oder zwei Objekte entfernst. Du musst kein Feng-Shui-Experte sein, um zu wissen, dass falsch ausgerichtete Räume und Unordnung nicht gut für dich sind.

Unsere Umgebung ist therapeutisch. Wenn du deinen Urlaub abseits des Massentourismus verbringst und stattdessen in einer Holzhütte am See oder in der Nähe einer heiligen Stätte der Macht oder in einem positiven Workshop, kannst du wieder Perspektiven gewinnen.

Manchmal geht es Leuten, die an meinen Kursen teilnehmen, während meiner Workshops gut, aber dann kehren sie nach Hause zurück und es geht ihnen nicht ganz so gut. Ein Grund dafür ist, dass sie ins Chaos zurückkehren. Sei nett zu dir selbst und gönne dir ein sicheres, schönes und liebevolles Zuhause. Das Leben ist schon herausfordernd genug und du musst die

Schwierigkeit des Lebens nicht künstlich erhöhen, indem du hart gegen dich selbst bist.

Wie ist der Geruch deiner täglichen Umgebung? Welche Formen gibt es? Welche Farben? Was sind die Geräusche?

Denke daran: Es gibt immer eine nächsthöhere Version deiner Umgebung. Was ist deine nächsthöhere Version?

PRINZIP 3
Kleine Verbesserungen der langfristigen Werte

Spirituelle und psychologische Reife hängen damit zusammen, dein Bedürfnis nach einer »schnellen Lösung« aufzugeben und stattdessen die Reise des Lebens zu genießen. Die Mentalität der schnellen Lösung ist die eines Säuglings, der wie ein Drogenabhängiger wirklich sehr, sehr schnell etwas zu essen braucht, sonst schreit er los.

Hast du dich jemals gefragt, warum es im Radio so viele »One-Hit-Wonder« gibt – Menschen, die sehr schnell Erfolg haben oder berühmt werden und ein Jahr später wieder in Vergessenheit geraten? Aus demselben Grund verlieren viele Lottogewinner nach einem Jahr den größten Teil ihres Geldes. Und aus dem gleichen Grund erleben viele Workshop-Junkies während der Workshops nur vorübergehende Höhen. Das liegt daran, dass sie »Schnellmacher« sind, die nicht gelernt haben, ihre Energie selbst hoch zu halten. Der Ruhm der »One-Hit-Wonder« kommt nicht von ihnen, sondern von einer externen Quelle: einem Musikproduzenten, einem A&R-Mann (engl: Artists & Repertoire, Redaktion einer Plattenfirma) oder sogar von einer körperlosen Wesenheit (kein Scherz!). Wäre der Ruhm von ihrer eigenen

ständigen Konzentration, Liebe und Arbeit ausgegangen, hätten sie ihren Ruhm und ihr Vermögen behalten können.
Ich habe einige Themen wie Liebe, Gesundheit, Geld und alles andere, in dem ich Menschen coache, aber nichts davon passierte über Nacht. Es geschieht durch ständige Fokussierung über Jahrzehnte. Und es ist stabil, das heißt, nichts und niemand kann es mir wegnehmen, weil es selbst erschaffen wurde. Ich musste nicht sozusagen meine Seele dafür »verkaufen«. Sollte ich alles verlieren, weiß ich, wie ich es wieder herstellen kann, weil ich die mentalen Muskeln trainiert habe, um diese Dinge leicht zu pflegen. Ich weiß nicht, ob du innerhalb weniger Tage oder Wochen Millionär werden kannst. Aber es ist ziemlich einfach, innerhalb von zehn Jahren Millionär zu werden. Es ist unglaublich einfach, wenn du nur diese Geduld hast. Wenn du nachforschst, wirst du feststellen, wie einfach es ist – kein Wunder erforderlich.

Sich nicht schnell zurechtzufinden, bedeutet auch, auf der anderen Seite der Medaille kein Zauderer zu sein; sondern zuerst die schwierigen Dinge zu tun. Schlage die Definition von »Aufschub« im Wörterbuch oder im Internet nach. Lerne, was es ist. Neunundneunzig Prozent der Menschen, die auf dem Planeten Erde herumschweben, sind gewohnheitsmäßige Zauderer.

Nehmen wir an, du hast heute einen schwierigen Punkt zu erledigen. Wenn du es zuletzt tust, wirst du den ganzen Tag darüber nachdenken. Wenn du es zuerst tust, hast du es hinter dir gelassen und der Rest des Tages wird wie eine erfrischende Meeresbrise sein. Das ist eine Möglichkeit, wie Verzögerung dir schaden kann. Zuerst bezeichnest du etwas als »schwierig«, dann schiebst du es in die Zukunft. Aber du kannst es nicht ganz wegschieben, es bleibt im Hinterkopf und hat einen subtilen negativen Effekt auf dich. **Dieser Effekt wird nicht durch das Objekt der Schwierigkeit erzeugt, sondern durch deinen zögernden Verstand.**

Nur Aufgaben, die nicht erledigt werden, scheinen schwierig zu sein. Sobald du sie erledigt hast, sind sie nur noch Aufgaben. Manchmal gibt es den unterschwelligen Druck, etwas tun zu müssen und sollen, und genau deshalb tust du es nicht. Das ist das innere Kind, das gegen eine **projizierte äußere Erwartung** rebelliert. Ich sage »projiziert«, weil die Welt nicht wirklich etwas von dir erwartet, sondern alles in deinem Kopf ist. Eine der besten Meditationen in meinem »Bliss-Kurs« ist die über das »Sein – Tun – Haben«, weil sie diese »Muss«- und »Sollte«-Tendenzen lockert.

Viele, die sich auf magisches Denken einlassen, nutzen den Eskapismus, um Aufgaben zu vermeiden, die sie für »notwendig« halten. Viele Jahre können in verschiedenen Ausweichmodi verbracht werden. Aber um geistig voranzukommen, ist der Weg nach oben der Weg über diese Hürden. Also, was auch immer du widerstehst und vermeidest, du wirst dich eines Tages damit konfrontieren müssen.

Die meisten Menschen arbeiten zu viel und müssen lernen, öfter ihre Freizeit zu genießen, damit sie nicht ausbrennen. Aber es gibt auch viele – besonders unter den Studenten, die sich für diese Art von Material interessieren –, die zu wenig arbeiten. Ihnen muss »Geschäft vor Vergnügen« beigebracht werden. Ich habe viele von ihnen getroffen, die pleite, krank, übergewichtig oder völlig unglücklich sind aufgrund ihres einseitigen »positiven Denkens« und den Philosophien »Folge der Glückseligkeit« und »Alles ist gut«. Idealerweise findest du die richtige **Balance** zwischen Arbeit und Freizeit. Dieses Gleichgewicht kann erreicht werden, indem zuerst schwierige Dinge erledigt werden und dann der Rest des Tages für Erholung und Kreativität aufgewendet wird.

Lass mich das alles anders formulieren, damit du es wirklich VERINNERLICHST: Wenn keine **unvollendeten Aufgaben** auf deiner Aufgabenliste stehen, ist deine Aufmerksamkeit frei. Der Zustand der freien Aufmerksamkeit ist ein Zustand emotionaler und psychologischer **FREIHEIT**. Dieser Zustand positiver Energie schafft alle anderen guten Dinge im Leben.

Eine große Leistung und ein Sprung in den Erfolg erfordern normalerweise etwas Mut. Die Menschen scheinen etwas viel Größeres manifestieren zu wollen als zuvor, ohne Risiken einzugehen, ohne ihre Komfortzone zu verlassen, ohne sich weiterentwickeln zu wollen. Aber wie ich in all meinen Büchern sage, gibt es keine »äußere Veränderung« ohne eine signifikante innere Veränderung. Ich habe noch nie einen Studenten gesehen, der in seinen Finanzen oder Beziehungen einen Sprung ohne Mut gemacht hat. Auch wenn du »scheiterst« oder »verlierst«, gibt es immer noch eine Lehre daraus. Lasse es nicht zu, dass du nicht mehr mutig bist. Es ist nicht nötig, mutige Taten weit in die Zukunft hinauszuschieben. Beobachte, wie sich dein Leben mit jedem Akt des Mutes beschleunigt.

Andere Dinge, die Nicht-Schnellreparierer und Nicht-Zauderer wissen:

❖ Manchmal ist es ein Glücksfall, nicht das zu bekommen, was du angeblich »willst«. Wenn du das Gesamtbild betrachtest, wirst du verstehen, dass du immer alles bekommst, was deine Seele will, und du bekommst selten etwas, was das schnelle

Selbst will (und wenn du es bekommst, macht es dich selten glücklich).

❖ Wenn du einen Fehler gemacht hast, gib ihn sofort zu oder korrigiere ihn, anstatt weitere Lügen oder Fehler darauf zu stapeln. Es mag schmerzhaft sein, es zuzugeben, aber das ist nichts im Vergleich dazu, diesen Fehler über lange Zeiträume mitzuziehen.

❖ Erfolg ist viel schmackhafter, wenn du tatsächlich einen Teil deines Herzens und deiner Zeit in ihn investiert hast. Darüber hinaus ist die Reise zum Ziel köstlich und unterhaltsam, das Ziel selbst ist im Vergleich sekundär zu der Reise, die es notwendig macht.

❖ Sieh nach, ob du in längeren Zeiträumen denken kannst. Zum Beispiel: Wie wichtig werden deine aktuellen Bedenken in tausend Jahren sein? Wenn du das Gesamtbild betrachtest, verstehst du schnell, was wirklich wichtig ist.

❖ Jeden Tag kleine und schrittweise Verbesserungen vorzunehmen, ist normalerweise radikalen Umwälzungen und welterschütternden Grandiositäten vorzuziehen. Da du auf ewig wächst, ist es normal, dass du dich immer an einem Ort und in einem Raum befindest, an dem weniger Leistung erbracht wird, als du es könntest.

Es gibt viele andere Einsichten, die du gewinnen kannst, wenn du deine Schnellreparatur- und Aufschubmentalität aufgibst. Ich überlasse es dir, sie zu finden.

PRINZIP 4
Unterscheidung zwischen Kindheit und Spiritualität

Beim Üben der Selbsttherapie wirst du feststellen, dass sich einige der Illusionen, die du loslassen musst, in der frühen Kindheit entwickelt haben. Das Halten dieser Wahnvorstellungen macht dich anfällig für Manipulationen und schränkt deine Fähigkeit ein, gut und vollständig zu leben.

Eine dieser Illusionen betrifft die äußere und innere Welt. Als Säugling ist der Unterschied zwischen dem Individuum, das du bist, und dem Rest der Welt verschwommen. Wenn ein Baby mit den Armen wedelt, ist ihm unklar, wo seine Arme aufhören und physische Objekte beginnen. Die Realität ist fließend und formbar. In diesem Sinne sind Babys immer noch »in Kontakt« mit der spirituellen Realität, die sich ähnlich verhält. Dieser Zustand ohne Ego-Grenzen ist jedoch nicht der gleiche wie der, den Mystiker und Meditierende beschreiben. Es ist eher ein vornatürlicher als ein übernatürlicher Zustand, da das Kind keinen erwachsenen Verstand, keine Verantwortung und keine Individualität entwickelt hat und völlig hilflos daliegt und die Fürsorge und Aufmerksamkeit seiner Eltern benötigt. Viele spirituelle Sucher und New Ager unterscheiden nicht zwischen dem Prä-Natürlichen und dem Über-Natürlichen. Sie glauben, dass jede Auflösung der Ich-Grenzen ein Zeichen des Fortschritts ist und dass alle veränderten Zustände den höheren Zuständen entsprechen. Geänderte Zustände sind nicht immer höhere Zustände.

Einer der Zwecke des physischen Lebens auf dem Planeten Erde ist es, aus dem Einssein herauszukommen, die Individualität zu durchlaufen und dann wieder in das Einssein zurückzukehren und Individualität und Einssein zu verschmelzen, anstatt sie sich gegenseitig ausschließen zu lassen. Aus diesem Grund wird empfohlen, dass du die volle Individualität entwickelst, bevor du dich wieder vereinst. Sonst erreichst du eher die Kindheit als die Heiligkeit.

Da ein Säugling keinen Unterschied zwischen Innen und Außen sieht, glaubt er nicht, auf die Außenwelt reagieren zu müssen. Wenn eine Person durch ein Trauma in diesem Zustand gefangen bleibt, schließt sie sich später von der Außenwelt ab, indem sie unkommunikativ ist, sich versteckt oder Wutanfälle bekommt, wenn ihre Forderungen nicht erfüllt oder ihre Wichtigkeit in Frage gestellt werden. Sie glaubt, dass ihre individuellen Probleme dieselben Probleme sind, die die ganze Welt hat, und fordert daher eine Veränderung der Gesellschaft und der Politik insgesamt. »Weil dies und das mit MIR passiert ist, muss sich die Welt nach meinen Ansichten ändern.« In der Tat besteht ein großer Teil der Politik auf allen Seiten aus Menschen, die noch in den Kinderschuhen stecken und versuchen, die Verletzungen zu rächen, die sie persönlich erlebt haben.

Ein Säugling ist vollständig von äußeren Umständen abhängig, ohne das Äußere anzuerkennen. Ein geistig reifer Erwachsener versucht, unabhängiger von äußeren Umständen zu werden, indem er das Äußere anerkennt. Aber wenn ich verstehe, wie das IRS oder ein anderes Steuersystem funktioniert (indem ich etwas Äußeres anerkenne), kann ich es einfacher zu meinem Vorteil gestalten (und so die Umstände kontrollieren). Von jemandem, der in den Kinderschuhen steckt, wirst du häufig hören, dass er »nicht ohne eine andere Person leben kann«. Wenn ihr Ehepartner sie verlässt, werden sie handlungsunfähig. Natürlich hat dieser Zustand trotz ihrer Zusicherungen nichts mit

Liebe zu tun. Es ist nur Infantilismus. Man kann einen deutlichen Mangel an Liebe bei dieser Art bemerken - das Fehlen, etwas für andere zu tun, das Fehlen von Mitgefühl, das Fehlen von Interesse an anderen, und doch verkünden sie: »Ich liebe diese Person wirklich; deshalb kann ich ohne sie nicht leben.« Eine erstaunliche Anzahl von Menschen bittet um mein Coaching. Rate mal, um was es bei ihrer Anfrage geht? »Hilf mir, ihn / sie zurückzubekommen.« Ihre Bitte sollte lauten: »Hilf mir, mich zurückzubekommen.«

Die Auflösung von Ich-Grenzen, wie sie vom Mystiker gesucht werden, geht von der Einheit der Kindheit zur Individualität und dann wieder zur Einheit, aber diesmal ist es eine höhere Einheit, die die Erfahrungen des Individuums einschließt. Im Leben kannst du bereits anfangen, die Grenzen des Ichs der Welt zu überschreiten, indem du über dich hinausgehst, dich in deinem Job oder deiner Arbeit ausdrückst, dich mit anderen als Individuum verbindest (und nicht als Abhängiger) und höhere Bewusstseinszustände als Meditierende erleben, eher als ein »Schnell-Reparierer«. Du kannst Ego-Grenzen überwinden, indem du aufgibst, sicher sein zu müssen. Du kannst das Ego überwinden, indem du Freundlichkeit auf dich selbst und andere ausdehnst.

Du hast diesen Teil der Selbsttherapie gemeistert, wenn du den Unterschied zwischen Infantilismus und Spiritualität bemerkst, siehst, dass Einssein und Individualität sich nicht ausschließen müssen und es aufgegeben hast, dich vom Äußeren zu isolieren oder dich als Opfer zu fühlen.

PRINZIP 5
Das Paradies ist jenseits deiner Komfortzone

Bei der Expansion verlässt du deine Komfortzone. Wenn du Risiko vermeidest, Probleme vermeidest, Konfrontationen vermeidest, Umwälzungen vermeidest und Schmerzen vermeiden möchtest, solltest du in keinem Bereich mit einer starken Expansion rechnen.

Wenn du eine neue Beziehung suchst, riskierst du, verletzt zu werden, Ablehnung zu erfahren, dein komfortables Zuhause zu verlassen und hinauszugehen. Aber du lernst viele Dinge auf dem Weg und die Schwierigkeit, all das durchzuarbeiten, ist tatsächlich eine große Freude, wenn du es zulässt. Viele bleiben lieber einsam, als Probleme zu riskieren. Wenn du reich sein, aktiv werden, investieren, ausprobieren, experimentieren möchtest, dann riskierst du natürlich einen Verlust, du riskierst, ein Ziel zu erreichen, du riskierst, dich zu zeigen, du riskierst Lächerlichkeit, du riskierst, die Selbstzufriedenheit aufzugeben. Wenn du nicht daran gewöhnt bist, deinen Mut zu trainieren, wird es sich wie ein Risiko anfühlen. Mut bedeutet nicht, in absolut sicheren Dingen zu handeln, sondern trotz ein wenig Angst zu handeln. Wenn du wachsen möchtest, schaue dir an, wovor du Angst hast, und versuche, dies durch Handeln zu überwinden.

Warum riskierst du nicht, einen Chef oder Freund mit etwas zu konfrontieren, das dich seit Jahren beschäftigt? Es ist nicht angenehm, sich anderen zu stellen, aber manchmal ist es für das Wachstum von dir und anderen notwendig.

Wenn du seit zehn Jahren nicht mehr in einer Beziehung warst, warum riskierst du dann nicht die Ehe und all das Engagement und die Liebe und Arbeit, die dafür erforderlich sind?

Andererseits, wenn du dein ganzes Leben lang in Beziehungen warst, warum riskierst du dann nicht, ein oder zwei Jahre allein zu sein, um herauszufinden, wer du außerhalb von Beziehungen bist?

Warum riskierst du nicht, etwas anderes als je zuvor zu probieren, egal, ob dir gesagt wurde, dass es funktioniert oder nicht funktioniert?

Warum riskierst du nicht, neue Leute kennenzulernen? Du wirst wachsen und von ihnen lernen.

Warum riskierst du nicht, dich einem völlig anderen Glaubenssystem anzuschließen als jemals zuvor, nur um zu sehen, wie die Welt von diesem Standpunkt aus aussieht?

Wäre es interessant, sich für etwas zu engagieren, das größer ist als du selbst?

Warum nicht das Risiko eingehen, ins Ausland zu reisen? Reisen ins Ausland erweitern den Horizont.

Du hast diese Lektion der Selbsttherapie integriert, nachdem du ein paar Risiken eingegangen bist und festgestellt hast, dass du dich dadurch viel lebendiger fühlst.

PRINZIP 6
Vergebung löst Anhaftung

Du kannst dich selbst therapieren, indem du jeden Groll, jede Idee von Ressentiments, Böswilligkeit, Wut, Rache und Missbilligung loslässt, die du gegen bestimmte Personen und Ereignisse hegst. Unversöhnlichkeit verletzt nicht die Person, die du zu verletzen beabsichtigst, sie verletzt dich und du kannst fühlen, dass etwas in deinem Körper klemmt, versteinert, gefriert, wenn du an Unversöhnlichkeit festhältst. Vergebung ist augenblicklich und kann zu jedem beliebigen Zeitpunkt erfolgen, und zwar ohne Auslöser oder Grund, außer dem, dass du weißt, dass es sich nicht auszahlt, sich an negative Schwingungen zu binden.

Ich empfehle dir, das ganze Leben über Vergebung zu üben. Das bedeutet nicht, dass ich dir empfehle, ein Menschenfreund zu werden oder Menschen zu erlauben, dich zu benutzen und zu missbrauchen. Und es bedeutet nicht, niemals über Menschen zu urteilen und niemals wütend zu werden. Vergebung in diesem Sinne bedeutet, dass du, wenn du wütend wirst oder etwas oder jemanden ablehnst, nicht tagelang und wochenlang an diesem Widerstand festhältst oder »bis er / sie es das nächste Mal tut / sagt«. Wenn du darauf wartest, dass jemand erneut einen bestimmten Fehler macht, um zu »beweisen«, wie falsch er liegt, bleibst du mit Sicherheit bei der Unversöhnlichkeit und verletzt dadurch deinen eigenen Körper und deine Seele. Wütend und wertend zu werden, ist für deine geistige Gesundheit notwendig, aber über lange Zeiträume daran festzuhalten, ist nicht gesund. Andauernde Ressentiments können alle möglichen Krankheiten verursachen.

Alles, worauf du liebevolle Güte anwendest, verbessert sich. Alles, worauf du Aufrichtigkeit anwendest, funktioniert. Liebe kann viele Formen annehmen, aber die mächtigste Form der Liebe ist die, die dort gegeben wird, wo keine Liebe vorhanden ist. Wenn du dich zum Beispiel heftig mit jemandem streitest, kannst du dieser Person dann plötzlich ohne Grund vergeben? Das ist mächtig. Normalerweise würde man nur in einen Schlagabtausch geraten, in dem ein Angriff einen Gegenangriff erzeugt.

Könntest du etwas für jemanden tun, nur aus Liebe, ohne eine Gegenleistung zu erwarten und ohne herumzulaufen und es jedem zu erzählen? Etwas für jemanden zu tun, um ihn als Menschen zu schützen oder zu pflegen, ist das für dich denkbar? Echter Altruismus (kein Altruismus erwartet, gezeigt, geprahlt oder erzwungen zu werden) hat eine heilende Wirkung auf Geber und Empfänger. Liebe soll das Wachstum eines Menschen unterstützen. Liebe ist Leben. Das Gegenteil von Liebe ist zu viel Faulheit oder Selbstbezogenheit, um deine Aufmerksamkeit auf andere zu lenken.

Vergebung löst deine Bindung an negative Dinge, Menschen und Ereignisse. Unversöhnlich zu sein, ist genau das Gegenteil von dem, was du zu erreichen glaubst. Es hält deine Aufmerksamkeit fest auf das Unerwünschte gerichtet und erschwert es dir, es nicht mehr zu erleben. Wenn du einer Person nicht verzeihst, was sie getan hat, spielt es keine Rolle, wie sehr diese Person versucht, den Fehler auszugleichen, sie kann nichts richtig machen.

Ein häufiges Missverständnis in Bezug auf Vergebung ist, dass du negative Handlungen gutheißen musst, wenn du jemandem vergibst. Jemand sagt: »Er hat ein Verbrechen begangen! Das kann ich nicht vergeben!« Dieses Missverständnis ist bedauerlich. Viele soziale Probleme, mit denen die Welt konfrontiert ist, könnten in diesem Fall durch Unterscheidung gelöst werden. Vergebung verlangt nicht, die Handlung zu billigen oder zu begnadigen, sondern die Person. Vergebung sagt nicht: »Nun, dieses Verbrechen ist vielleicht doch nicht so schlimm, ich werde es entschuldigen.« Du wirst dich nicht von einem solchen Unsinn überzeugen können und Vergebung wird nicht authentisch sein. Stattdessen heißt es: »Nun, er hat dieses Verbrechen begangen, weil er sich in einem sehr niedrigen Bewusstseinszustand oder in einem Zustand der Unwissenheit befand. Obwohl ich sein Verhalten nicht gutheiße, kann ich der Menschheit im Allgemeinen verzeihen, dass sie für negative Handlungen anfällig ist.«

Mit einer solchen Einstellung kannst du dich authentisch leichter und freier fühlen. Deine Aufmerksamkeit wird sich von der Härte lösen und du kannst mit deinem Leben weitermachen und mehr Freude als zuvor verspüren.

PRINZIP 7
Alles ist spirituell, physisch und psychisch

Alles, was du loswerden oder erleben möchtest, besteht aus einem oder mehreren der folgenden Elemente:

- Psychisch
- Spirituell
- Biologisch oder chemisch
- Soziologisch oder extern

Nur eine dieser Quellen zu berücksichtigen, ist eine Einschränkung.

Wenn ich als Coach mit Menschen zusammenarbeite, wundert es mich oft, dass ich nach anderen Faktoren frage als dem Verhalten der eigenen Gedanken und Gefühle. Eine spirituelle Ursache für Probleme könnte sein, dass man die Verbindung zu einer höheren Quelle verloren hat. Eine chemische Ursache für Probleme ist möglicherweise zu viel Zucker, was zu einem Mangel an Energie führen kann. Ich habe viele Coaching-Kunden getroffen, bei denen viele ihrer »emotionalen Probleme« durch das bloße »Reduzieren des Zuckers« gelöst wurden. Eine soziologische Ursache könnte sein, dass du in einem gefährlichen Teil der Stadt lebst, wo es gefährlich sein kann, sich zurückzulehnen und zu entspannen.

All diese Faktoren unterstützen sich normalerweise gegenseitig und sind die Folge einer allgemeinen Bewusstseinsebene. Der Gesamtkontext **zieht bestimmte Gedanken, soziologische, biologische und chemische Bedingungen, eine bestimmte Umgebung und ein spirituelles / karmisches Schicksal an**. Wenn du das Energieniveau veränderst, ändern sich allmählich auch die anderen Faktoren. Ein Zustand verursacht keinen anderen, sondern korreliert mit einem anderen als Hinweis auf ein allgemeines Feld, in dem man sich befindet. Eine negative innere Einstellung kann dazu führen, dass man schlechte Ernährungsgewohnheiten hat oder zu träge ist, um sich aus einem schlechten Stadtteil zurückzuziehen. Umgekehrt können negative Ernährungsgewohnheiten aber auch eine schlechte innere Einstellung hervorrufen, und wenn man unter negativen Umständen aufwächst, kann man sich auch daran gewöhnt haben, in diesem schlechten Teil der Stadt zu bleiben. Der Punkt, den ich anstrebe, ist, dass alle vier Bereiche berücksichtigt werden müssen, wenn du Selbsttherapie praktizierst oder eine Realität erschaffst, die du bevorzugst. Eine Verbesserung in einem Bereich wird alle anderen verbessern.

Viele behaupten, eine »ganzheitliche« Herangehensweise an die Dinge zu haben, ignorieren jedoch ganze Dimensionen der Lösung. Sie mögen sich der »Geistheilung« verschreiben, aber einen Arzt nicht aufsuchen, oder sie suchen möglicherweise einen Arzt auf, aber die negativen Gedankenformen des Patienten ignorieren sie völlig. Moderne Soziologen tendieren dazu, persönlichen Willen als ursächlichen Faktor zu ignorieren. Ein Drogenabhängiger könnte versuchen, mit Affirmationen aus seinem Problem herauszukommen, ignoriert jedoch die chemische Abhängigkeit, in der er sich selbst befindet. **Alle Probleme sind al-**

so in der Tat psycho-sozio-bio-spirituell, genauso wie alle Lösungen. Als Lebensberater habe ich Menschen dabei geholfen, Probleme auf viele unerwartete Arten zu lösen, indem ich mich auf Intuition und nicht auf formelhafte Antworten verlassen habe. Verwende deine Intuition und bleibe offen für viele verschiedene Ansätze.

25 UNIVERSELLE LÖSUNGSVORLAGE

Dieser Fragebogen wurde für die Verwendung in Coachingsitzungen, Selbsthilfeprozessen, Problemlösungssituationen, Therapiesitzungen oder Motivationsworkshops verfasst. Du wählst ein Problem aus, blockierst, zielst und führst es dann durch den Fragebogen. Irgendwann im Fragebogen wird sich das Problem auflösen oder die Lösung entstehen. Denn die Fragen sollen das Unterbewusstsein bearbeiten und die Aufmerksamkeit liebevoll, authentisch und effizient auf einen lösungsorientierten, positiven Zustand lenken.

Mit der »Universellen Lösungsvorlage« kannst du dein Problem aus verschiedenen Blickwinkeln betrachten und so Aufmerksamkeit und Energie sparen. Es wird dir auch helfen, nicht mehr davonzulaufen und dich stattdessen dem Problem zu stellen. Jedes Problem, das du im Leben hast, ist nur ein Problem, weil es deine liebevolle Aufmerksamkeit wünscht. Sobald du das Problem vollständig erkannt und daraus gelernt hast, löst es sich auf und deine Aufmerksamkeit ist frei. Das ist der Grund, warum es dich immer wieder als Gedanke, Körpergefühl oder in Form von verschiedenen Arten von Ereignissen nervt.

Lasse bei der Verwendung der »Universellen Lösungsvorlage« die Ungeduld, die Skepsis, den Perfektionismus, die Ablehnung, die Ablehnung des Problems, die Anstrengung, die Wut, das »Wollen, es loszuwerden«, das Werten usw. los. Stattdessen sei wertschätzend, tolerant, annehmend, verantwortungsbewusst, humorvoll, neugierig, interessiert und entspannt. Das Problem kann sich zu jedem Zeitpunkt des Fragebogens auflösen oder leichter anfühlen. In diesem Fall kannst du die Sitzung für diesen Tag beenden oder sie fortsetzen, wenn du feststellst, dass noch ein Teil deines Problems vorhanden ist. Manchmal werden durch die Lösung eines Oberflächenproblems tiefere Emotionen und Themen ausgelöst, die durch das Oberflächenproblem nur vertuscht wurden. In diesem Fall fahre einfach mit dem Vorgang fort. Beantworte sogar die Fragen, die für dich keinen Sinn ergeben, so gut du kannst. Einige Fragen werden überhaupt nicht zutreffen, du kannst sie überspringen. Du kannst die Fragen in Gedanken oder durch Sprechen beantworten, aber das Schreiben ist am effektivsten. Die Menge der Fragen mag überwältigend erscheinen, aber was sind ein paar Stunden Arbeit im Vergleich zu Jahren des Leidens? Breche den Vorgang nicht ab, es sei denn, du fühlst dich entspannter, leichter und freier.

Viel Spaß beim Erkunden!

FRAGEBOGEN

1. Warum verwendest du die »Universelle Lösungsvorlage«? Was möchtest du nicht mehr erleben? Ist es etwas Greifbares oder ist es ein Gefühl? Ist es etwas, was jemand tut oder sagt? Ist es ein Ereignis? Ist es eine Empfindung oder ein Schmerz? Ist es eine Sorge? Bitte gib in einem Satz an, worum es geht.

2. Kannst du jetzt einfach die ganze Angelegenheit begrüßen? Kannst du aufhören, es wegzuschieben, und einfach die damit verbundenen Gedanken, Gefühle und Erinnerungen begrüßen? Kannst du ihnen erlauben, hier zu sein?

3. Kannst du jetzt auch den Teil von dir begrüßen, der versucht, das Problem zu lösen, zu heilen oder loszuwerden? Kannst du diesen lieblosen Teil von dir spüren und ihn liebevoll begrüßen?

4. Kannst du das ganze Konstrukt noch etwas mehr begrüßen … das Problem und den Beobachter (das »Du«, das versucht, es loszuwerden)?

5. Kannst du dein Problem in einem Satz benennen und es dann in etwas Negativeres und etwas Positiveres umformulieren? Kannst du es zuerst nach unten und dann nach oben bewegen? Beispiele: »Ich habe Angst vor Spinnen« wird zu »Ich bin überzeugt, dass Riesenspinnen meine Seele zerreißen werden« und dann »Spinnen sind noch nicht meine Freunde«. »Mein Chef ignoriert mich« wird zu »Mein Chef wird mich feuern« und dann zu »Mein Chef ist sich meiner noch nicht bewusst«. »Ich habe Schmerzen im Knie und ich kenne die Ursache nicht« wird zu »Ich werde terrorisiert durch einen stechenden Schmerz« und

dann »Ich fühle Energien in meinem Knie«. Aus »Ich habe versagt« wird »Ich habe kläglich versagt« und dann »Ich habe gelernt«. Es ist in Ordnung, dabei humorvoll zu sein. In jedes leere Feld (»______«) des Fragebogens wirst du die umformulierte, positive Version des Problems eintragen.

6. Wann ist das erste Mal ________________ passiert?

7. Wann ist ______________________ das letzte Mal passiert?

8. Was ist direkt nach dem _____________________ passiert?

9. Was ist passiert, kurz bevor ___________________ das letzte Mal passiert ist?

10. Wer war noch anwesend, als __________________ das letzte Mal geschah? Was sagen oder haben die Leute dazu gesagt?

11. Wann passiert am häufigsten ___________________?

12. Gibt es eine bestimmte Tageszeit, zu der ___________________ am wahrscheinlichsten ist?

13. Gibt es einen bestimmten Ort, an dem _________________ am wahrscheinlichsten ist?

14. Kannst du alle Gefühle, Gedanken und Empfindungen, die seit Beginn dieses Prozesses entstanden sind, liebevoll einatmen, willkommen heißen oder annehmen?

15. Welchen Rat würde dir ein Freund, Verwandter, Ehepartner oder Kollege zu diesem Thema geben?

16. Was sind einige berühmte Persönlichkeiten, die du respektierst, und welche Ratschläge könnten sie dir geben, um dieses Problem zu lösen?

17. Wenn du 100 Jahre alt bist und auf das Thema zurückblickst, was kannst du deinen Kindern und Enkeln darüber erzählen?

18. Wenn du mit den Fingern schnippen und dadurch das Problem plötzlich lösen könntest, wie würdest du wissen, dass es gelöst ist? Was wäre anders?

19. Wenn es gelöst wäre, was würdest du tun?

20. Wenn es gelöst wäre, was würdest du sagen?

21. Wenn es gelöst wäre, was würdest du fühlen?

22. Wenn es gelöst wäre, welche Ziele würdest du dann haben?

23. Wie würde dein Leben sein, nachdem du es gelöst hast?

24. Was ist ein schlimmeres Problem als ________________?

25. In welchem Kontext könnte ________________ interessant erscheinen?

26. In welchem Kontext könnte ________________ eine willkommene Herausforderung / ein willkommenes Training sein?

27. In welchem Kontext könnte ____________________ lustig sein?

28. Wie ist dein Leben in Zeiten, in denen du ________________ nicht erlebst?

29. Was passiert in Zeiten, in denen du ___________________ nicht erlebst?

30. Auf welche anderen Dinge im Leben, abgesehen von ____________________, richtet sich deine Aufmerksamkeit?

31. Was ist anders an den Zeiten, in denen du das bekommst, was du willst?

32. Gibt es Zeiten, in denen es in Ordnung ist, ____________________ zu erleben, oder etwas, das das managen kann?

33. Kennst du jemanden, der auch ________________________ oder ähnliches erlebt?

34. Kennst du jemanden, der __________________________ gelöst hat?

35. Ignorierst du wissentlich etwas in Bezug auf ______________________?

36. Möchtest du ____________________ innerhalb eines Jahres, eines Monats, einer Woche oder eines Tages loslassen?

37. Hat sich etwas an dem Problem geändert oder wie fühlt es sich an, seit dieser Prozess begonnen hat?

38. Möchtest du, dass diese Änderungen fortgesetzt werden?

39. In welchem Ausmaß (auf einer Skala von 1 bis 10) glaubst du, dass du ein Problem hast?

40. Was müsstest du tun, um es auf der Skala nach oben zu verschieben (das Problem verschlimmern)?

41. Was müsstest du tun, um das Problem zu beheben?

42. Wer ist die erste Person, die es bemerkt, wenn du das Problem gelöst hast?

43. Wie wirst du reagieren, wenn jemand bemerkt, dass du das Problem gelöst hast, und Kommentare dazu abgibt?

44. Wie kann eine Änderung deines eigenen Verhaltens helfen, _________________ zu lösen?

45. Welchen Namen hätte ein berühmter Therapeut oder ein inspirierender Sprecher für ______________?

46. Welchen Namen hätte ein unendliches und ewiges Wesen für ______________?

47. Wie wirst du das Problem zehn Minuten nach seiner Lösung sehen?

48. Wie wirst du das Problem einen Monat nach seiner Lösung sehen?

49. Wenn du an einer Expedition zum Mars teilnehmen würdest, wie würde sich dies auf das Problem auswirken?

50. Wie kannst du die Häufigkeit erhöhen, mit der ________________ passiert?

51. Wie kannst du die Häufigkeit verringern, mit der ________________ passiert?

52. Könntest du dir jetzt ein bisschen Liebe schicken?

53. Könntest du dir jetzt ein bisschen mehr Liebe schenken?

54. Könntest du ____________________ haben und dir dennoch Liebe, Respekt und Verständnis schenken?

55. Wenn ________________ nur an einem bestimmten Ort oder mit bestimmten Personen passiert, kannst du den Ort ändern, an dem __________________ passiert?

56. Könntest du fühlen, wie du versuchst, _________________ zu kontrollieren?

57. Könntest du loslassen, ___________________ kontrollieren zu wollen?

58. Inwieweit liegt ______________________ außerhalb deiner Kontrolle? Könntest du mehr Kontrolle darüber ausüben?

59. Was kannst du daran ändern, wer an ______________________________ beteiligt ist?

60. Wolltest du Aufmerksamkeit, Zustimmung, Bestätigung von jemandem bekommen?

61. Wenn ja, könntest du jetzt den Wunsch nach Zustimmung, Bestätigung oder Aufmerksamkeit loslassen?

62. Wurde jemandem die Schuld gegeben? Wenn ja, könntest du jemand oder etwas anderem die Schuld geben?

63. Könntest du die Schuld loslassen?

64. Könntest du die Gedanken und Gefühle würdigen, die du in Bezug auf ________________ erzeugst?

65. Hängt es mit den Umständen zusammen (Umwelt, Wirtschaft, Vereinbarungen, Arbeit, Leben)? Wenn ja, kann irgendetwas davon geändert oder reduziert oder kompensiert werden?

66. Handelt es sich um eine körperliche Empfindung oder ein Körpergefühl? Wenn ja, könntest du zum Kern dieses Gefühls gehen? Könntest du dich wirklich darauf einlassen?

67. Hast du jemals versucht, __________________ zu ignorieren oder gehen zu lassen und einfach das getan, was du tun wolltest? Wenn ja, was ist passiert? Wenn nicht, könntest du das versuchen?

68. Könntest du den Gedanken ________________________ mit deinem geistigen Auge betrachten?

69. Könntest du dir diesen Gedanken für eine Weile ansehen und dich einfach entspannen, ihn einfach da sein lassen? Es könnte gut tun, weil das Sich-dagegen-wehren bisher nicht funktioniert hat.

70. Inwiefern ist ____________________ mit der Vergangenheit verbunden? Könntest du die Vergangenheit komplett verwerfen (weil sie vorbei ist)?

71. Könntest du einfach ____________________ akzeptieren, auch wenn es sich nie ändert, und einfach aufhören zu kämpfen, damit du endlich weitermachen und dein Leben leben kannst?

72. Was ist, wenn es sich nie ändert? Was würdest du dann machen?

73. Angenommen, es ändert sich nie. Wie könntest du das Beste aus deinem Leben machen?

74. Was hast du als Zukunft dieser Sache vorhergesagt? Könntest du diese Vorhersage loslassen?

75. Könntest du eine unvollständige Lösung akzeptieren? Könntest du eine halbe Lösung akzeptieren?

76. Könntest du die Starre loslassen und eine allmähliche Verbesserung im Laufe der Zeit akzeptieren?

77. Was ist, wenn ______________ weniger häufig vorkommt? Wäre das gut?

78. Was wäre, wenn die Intensität von ______________ geringer wäre? Wäre das gut?

79. In welchen Zeiten bist du frei von _________________?

80. Wird sich das, was du trägst und isst, ändern, nachdem du ______________ gelöst hast? Schmeckt das Essen anders? Wirst du Farben anders sehen? Wirst du Menschen anders sehen?

81. Wenn du ____________________ in verschiedene Akte oder Teile eines Films schneidest, welche Szenen oder linearen Abläufe kannst du erkennen?

82. Könntest du diesen Film vor deinem geistigen Auge sehen?

83. Könntest du diesen Film rückwärts abspielen?

84. Könntest du die Position jedes dieser Teile vor deinem geistigen Auge verändern?

85. Könntest du den Fortschritt der Ereignisse im wirklichen Leben verändern?

86. Könntest du dem Film aus deiner Sicht einige unsinnige Personen oder Gegenstände hinzufügen?

87. Könntest du das Ereignis im wirklichen Leben verändern?

88. Was ist, wenn du aufhörst, auf ______________________ zu reagieren?

89. Kannst du einen Teil von ___________________ unterbrechen, ändern, anhalten oder übertreiben?

90. Kannst du die Dauer von ________________________ ändern?

91. Kannst du Teile von ____________________ besser oder schlechter machen?

92. Könntest du jetzt bewusst Pantomime spielen oder ________________________ in deinem Haus spielen?

93. Könntest du jetzt absichtlich pantomimisch oder nachspielen, was du stattdessen willst?

94. Könntest du die letzten beiden Vorgänge wiederholen?

95. Könntest du diese beiden Modi noch einmal wiederholen?

96. Könntest du das Problem nachspielen oder pantomimisieren, während du dich gut fühlst?

97. Könntest du das Gegenteil oder die Lösung ausleben oder pantomimisieren, während du dich gut fühlst?

98. Könntest du ___________________ mit extremen Schwierigkeiten oder unerwünschten Aktivitäten in Verbindung bringen?

99. Könntest du dir vorstellen, dass du insgeheim ________________ wolltest?

100. Welche geheimen Vorteile könnte _______________ haben?

101. Könntest du ein Gefühl der Begierde für __________ erzeugen? Nur zum Spaß?

102. Könntest du dieses Gefühl der Sehnsucht und des Verlangens nach ________ verstärken? Nur zum Spaß?

103. Wenn ______________ gelöst ist, wirst du lächeln, lachen, geschockt sein, neutral, erleichtert sein oder etwas anderes?

104. Was bringt dich sonst noch zum Lächeln, Lachen oder erleichtert dich?

105. Welche Probleme hast du bisher im Leben gelöst?

106. Hast du seit Beginn dieses Prozesses eine Änderung des Problems bemerkt?

107. Möchtest du, dass diese Änderungen fortgesetzt werden?

108. Wenn du es löst, wem wirst du es sagen?

109. Wenn du es löst, wo wirst du feiern?

110. Was sind mögliche Nachteile der Lösung?

111. Was sind mögliche Vorteile, es zu behalten?

112. Was sind einige Nachteile daran, es zu behalten?

113. Welche Vorteile bietet die Lösung?

114. Was hat deine Situation bisher verbessert?

115. Was könnte jetzt funktionieren?

116. Was hat bisher funktioniert?

117. Warum bist du in der Zeit, in der du frei von ______________________ bist, frei davon?

118. Was würdest du schreiben, wenn du eine Schritt-für-Schritt-Anleitung für jemanden verfassen würdest, der das Problem erschaffen oder erfahren möchte?

119. Ohne die Erinnerung zu verwenden, was ist dein Problem?

120. Ohne darüber nachzudenken, was ist dein Problem?

121. Welche Freude wirst du fühlen, wenn sich das Problem löst?

122. Könntest du loslassen, um es zu ändern, und stattdessen zulassen, dass es sich ändert?

123. Fehlt es an Sicherheit oder Komfort? Wenn ja, kannst du das Wollen loslassen und stattdessen fühlen, wie es ist, Sicherheit, Geborgenheit und Komfort zu haben?

124. Hoffst du, dass etwas mit dem Problem passiert? Wenn ja, könntest du es loslassen und einfach beabsichtigen und entscheiden, dass es sich verbessern wird?

125. Wartest du darauf, dass etwas passiert? Wenn ja, könntest du das Warten aufgeben und einfach anfangen zu genießen?

126. Was kannst du sonst noch erreichen, wenn du dies löst?

127. Was könntest du tun, um eine Lösung zu beschleunigen?

128. Fehlt es an Trennung, Freiheit oder Alleinsein? Wenn ja, könntest du das loslassen? Und könntest du fühlen, wie es sich anfühlt, bereits Freiheit zu haben?

129. Kannst du alle deine Aktivitäten aufschreiben, die zur Lösung beitragen?

130. Kannst du alle Dinge auflisten, die du den ganzen Tag über schätzt und magst?

131. Geht es um mangelnde Einheit, Zusammengehörigkeit und Intimität? Wenn ja, könntest du das Wollen loslassen und fühlen, wie es sich anfühlt, bereits Einheit oder Nähe zu haben?

132. Wie könntest du mit diesem Problem noch mehr Verbesserungen erzielen?

133. Wenn das Problem behoben ist, hast du dann mehr Zeit?

134. Wenn das Problem gelöst ist, hast du dann mehr Energie?

135. Wer hat dieses Problem gelöst?

136. Wie kannst du dein Selbstbewusstsein stärken?

137. Was ist dein Plan, um den eingeschlagenen Weg der Verbesserung fortzusetzen?

138. Wie weit bist du auf einer Skala von 1 bis 10 der Lösung dieses Problems näher als zu Beginn dieses Prozesses? Und wenn du in der Lage warst, Änderungen an der Skala vorzunehmen, folgt dann logischerweise nicht, dass diese Änderungen fortgesetzt werden können? Bist du bereit fortzufahren, bis sich das Problem aufgelöst hat?

139. Was könntest du tun, um dich zu ermutigen, diesen Prozess fortzusetzen?

140. Könntest du dein Problem in ein Ziel oder eine Absicht umformulieren? Könntest du jetzt aufhören, dich auf das Problem zu konzentrieren, und dich stattdessen auf das konzentrieren, was du möchtest? (Außer wenn du die Fragen 1 bis 140 wiederholst.)

141. Wenn sich ein Komet der Erde nähern und damit drohen würde, alles Leben zu zerstören, was wäre dann dein Problem?

142. Könntest du deine Zielaussage nach dem Aufwachen einige Male morgens als Bestätigung oder Gebet wiederholen?

143. Wie können dir psychologische, spirituelle oder physische Methoden dabei helfen?

144. Wie können andere Experten, Ärzte, Therapeuten, Trainer und Mentoren dir bei diesem Problem helfen?

145. Könntest du dir erlauben, das Ziel zu visualisieren oder zu träumen, als ob es bereits geschehen wäre?

146. Könntest du diese Visualisierung mindestens einmal pro Woche wiederholen?

147. Könntest du eine höhere Macht, das Universum oder Gott bitten, dich bei der Lösung des Problems zu unterstützen?

148. Kannst du zugeben, dass du es nicht aus eigener Kraft lösen kannst und dass diese höhere Kraft in deinem Namen handelt?

149. Könntest du akzeptieren, dass diese höhere Kraft dir je nach Lebensplan deiner Seele hilft oder nicht hilft?

150. Könntest du diese höhere und wohlwollende Kraft bitten, dir Botschaften bezüglich einer Lösung in deinen Träumen zu senden?

151. Angenommen, du erhältst einen Brief von deinem höheren Selbst mit dem Titel »Die Lösung«. Was würde dieser Brief enthalten?

152. Könntest du aufhören, dich dem Thema zu widersetzen, und es einfach noch einmal begrüßen?

153. Könntest du zulassen, dass alle damit verbundenen Emotionen, Erinnerungen, Gedanken und Gefühle auftauchen?

154. Wie wäre dein Leben, wenn du aufhören würdest, dich dagegen zu wehren, und es einfach so akzeptieren würdest, wie es ist?

155. Wenn du nicht das Problem bist, nicht dein Körper, nicht deine Gedanken, Gefühle und Erinnerungen, was bist du?

156. Inwiefern hängt das Problem auch mit deiner Gesundheit, deinen Beziehungen, Finanzen und deinem Beruf zusammen?

157. Könntest du dir erlauben, dich so schlecht zu fühlen wie im realen Leben? Könntest du das völlig akzeptieren und dich entspannen?

158. Könntest du dir erlauben, dich so gut zu fühlen wie im realen Leben? Könntest du dich komplett dabei entspannen?

159. Könntest du den gesamten Vorgang wiederholen?

26 RESPEKTIERE DICH SELBST

Hast du jemals bemerkt, dass du wirklich gute Mahlzeiten für deine Familie oder Gäste kochst, aber nicht gut kochst, wenn du allein bist?

Hast du jemals bemerkt, dass du dich sehr gut angezogen hast, wenn du ausgegangen bist und andere getroffen hast, aber nicht, wenn du allein bist?

Hast du jemals bemerkt, dass du gut funktionierst, wenn du gelobt wirst, aber nicht, wenn andere dich kritisieren?

Gibst du oft auf, was du gerne tun würdest, um den Erwartungen anderer gerecht zu werden?

Wenn du eine dieser oder ähnliche Fragen mit »Ja« beantwortet hast, leidest du unter einem Mangel an Selbstachtung oder Selbstliebe.

Wenn du dich nicht liebst oder respektierst, werden andere dich nicht lieben oder respektieren. Wenn dies zu extrem wird, wirst du Schwierigkeiten haben, einen Partner zu finden, der dich liebt, einen Chef, der dich fördert, einen Ehepartner, der verrückt nach dir ist, ein Kind, das dich respektiert, usw.

Wenn du gut behandelt werden möchtest, solltest du dich zuerst selbst gut behandeln. Diejenigen, denen es an Selbstliebe mangelt, haben kein Gleichgewicht zwischen Geben und Nehmen, das bei etwa 50 zu 50 oder 60 zu 40 oder höchstens 70 zu 30 Prozent liegen sollte. Du gibst 90 Prozent der Zeit und nimmst, empfängst oder forderst nur ungern Dinge an. Natürlich gibt es auch das andere Extrem von Menschen, die ständig etwas nehmen, fordern und wollen und niemals etwas geben. Das ist auch ziemlich unausgewogen. Aber oft werden diese »Nehmer« von zwanghaften »Gebern« ermutigt, die sich schuldig fühlen, wenn sie nicht ständig geben. Aus Schuldgefühlen heraus zu geben, ist jedoch kein wahres, wertschätzendes Geben.

Zusammenfassend lässt sich sagen, dass es ein Ungleichgewicht gibt, wenn es einen großen Unterschied zwischen der Art und Weise gibt, in der du dich selbst und andere behandelst. Der Tyrann, der sich endlos mit feinem Essen, Wein und schicken Autos verwöhnt, während seine Bevölkerung am Rande des Hungers steht, ist genauso unausgeglichen wie ein schuldbewusster, selbstvernachlässigter Sklave, der seine Identität, Integrität und seinen Selbstwert aufgibt, nur um jemand anderem zu gefallen. Wenn du dazu neigst, dir den Respekt zu verweigern, den du anderen entgegenbringst, versuche dich selbst besser zu behandeln. Du wirst dann besser behandelt werden. Denke daran, dass du nicht immer alles »verdienen« oder »wert sein« musst. Du kannst dich ab und zu ein wenig entspannen. **Du sollst Berge besteigen, nicht tragen.**

27 MUSST DU ES VERDIENEN, UM ES ZU MANIFESTIEREN?

Jemand fragte kürzlich: »Muss ich es verdienen, um es zu manifestieren?«

Die Beantwortung dieser Frage mit »Ja« oder »Nein« kann dem überanalytischen Verstand ein ganzes Paket philosophischer und ideologischer Fragen öffnen. Wenn gefragt worden wäre: »Muss ich es glauben, um es zu manifestieren?«, wäre die Antwort ohne zu zögern JA. Auf einer gewissen Ebene muss man es glauben, sonst wird es nicht passieren.

Alte Schriften sagen: **»Bittet und es wird euch gegeben.«** Sie sagen nicht: »Verdient es und es wird euch gegeben«, «Arbeitet und es wird euch gegeben«, »Verhandelt und es wird euch gegeben«, »Es wird gegeben, wenn du etwas dafür zurückgibst«. Es heißt nur: »Bitte und du wirst empfangen.« Die Lehren des modernen Gesetzes der Anziehung sagen ähnliche Dinge, so wie: Wenn du es fühlen kannst, kannst du es haben, ob du es tatsächlich »verdienst« oder nicht. Sie sagen, dass du wirklich nichts tun musst, um es auf Knopfdruck zu manifestieren.

Aber was ist dann mit der Idee der Meritokratie? Damit, es zu verdienen? Über einen fairen Wertetausch? Gibt es kein »Nichts im Leben ist umsonst«? Wäre das Universum nicht ein ungerechter Ort, wenn Menschen, die es nicht verdient haben, bekommen würden, was sie wollen? Was ist mit Karma? Was ist mit Ethik und Moral? Kann ich zahlreiche Verbrechen begehen und trotzdem mit dauerhafter Gesundheit, Wohlstand und Glück gesegnet sein? Verwöhnt es die Leute nicht, wenn sie einfach etwas bekommen, was sie wollen? Was wäre, wenn es keinen Wettbewerb mehr um Trophäen gäbe, würde die Gesellschaft nicht zusammenbrechen, während wir alle zu Faulenzern werden?

Um solche scheinbar schwierigen philosophischen Fragen zu beantworten, wende ich gerne das Prinzip »wie oben, so unten« oder »wie im Großen, so im Kleinen und umgekehrt« an. Wenn du dir dein eigenes Verhalten ansiehst, um die Wünsche der Menschen zu erfüllen, kannst du ein Gefühl dafür bekommen, wie das Universum, die Quelle, Gott und die Energie mit der Erfüllung von Wünschen umgehen.

In deinem eigenen Leben bist du **manchmal nur in der Stimmung zu geben und erwartest nichts als Gegenleistung**. Zum Beispiel hast du heute einfach Lust gehabt, deinem Ehepartner ein tolles und teures Telefon zu kaufen. Du weißt, dass er Telefone wirklich mag, da er sie die ganze Zeit anstarrt. Du hast nicht darüber nachgedacht, ob er es »verdient«. Er musste nicht dafür arbeiten. Und du erwartest keine Gegenleistung. Hätte dein Ehepartner arrogant gesagt: »Hey, ich habe in letzter Zeit sehr hart gearbeitet. Ich denke, ich habe es verdient, dass du mir etwas kaufst!«, hättest du wahrscheinlich davon Abstand genommen, es ihm zu kaufen.

Also ja, es gibt Fälle, in denen du frei von deinem Überfluss gibst, ohne eine Gegenleistung zu erwarten. Die Person, der du etwas gibst, muss es nicht verdienen, wert sein oder sich erarbeiten. Du fühlst dich wohlhabend und möchtest nur für die Freude des Gebens geben. Denk daran, wie oft Leute Dinge von dir verlangt haben und du hast dies gerne, ohne nachzudenken getan:

»Hey, würde es dir etwas ausmachen, mir diese Akten zu schicken?«

»Schatz, könntest du bitte die Wäsche holen?« – »Okay.«

»Es würde mir nichts ausmachen, nach Europa zu reisen.«

Es gibt viele Gelegenheiten, bei denen du «die Wünsche der Menschen wahr werden lässt«, ohne darüber nachzudenken, und viele Gelegenheiten, bei denen Menschen »deine Wünsche wahr werden lassen«, ohne zu zögern.

Daraus folgt, dass »die Quelle« auch deine »Wünsche«, ohne zu zögern, erfüllen wird, ohne etwas dafür zu wollen und sogar ohne dass du es verdienst!

Ich würde sagen, dass dieses Bewusstsein dein Leben um einiges einfacher machen kann. Nur das Bewusstsein, dass du wunderbare Dinge in dein Leben ziehen kannst, unabhängig von deiner Vergangenheit, unabhängig davon, ob du sie »verdienst« oder nicht.

Aber heißt das, es wird immer so sein und es gibt kein Verdienstsystem und keine Belohnung für Güte? Natürlich nicht. Auch dies kannst du in deinem privaten Leben sehen:

So oft du frei heraus gibst, hast du auch Erwartungen an die Menschen und weißt, dass es nicht hilfreich oder weise ist, schlechtes Benehmen zu belohnen oder gutes Benehmen zu missachten. Wenn die Mannschaft in dem grünen Trikot nichts unternimmt und das Spiel gegen die Mannschaft in dem gelben

Trikot verliert, die das ganze Jahr hart trainiert und das Spiel gewonnen hat, hat dann jemand das Recht, der Mannschaft in dem grünen Trikot den Pokal zu verleihen? Natürlich nicht. Eltern von Kindern sind sich besonders bewusst, wie wichtig es ist, ihre Kinder nicht zu verwöhnen oder sie glauben zu lassen, dass sie unabhängig von ihrem Verhalten alles haben können, was sie wollen.

Auch wenn du deinem Freund dieses teure Geschenk nur um des Verschenkens willen kaufen möchtest, ohne eine Gegenleistung zu erwarten, ist es weniger wahrscheinlich, dass du es für ihn kaufen würdest, wenn zwischen euch schlechte Laune herrscht. Du hast dir vielleicht gesagt »Ich würde ihm / ihr gerne eines davon kaufen, aber ich werde warten, bis sich die Stimmung bessert.«

Wie wir als Gesellschaft mit Kindern und Menschen mit schlechtem Benehmen im Vergleich zu Erwachsenen und Menschen mit Bewusstsein umgehen, liefert einen Hinweis auf das »Manifestieren«: Sobald ein Mensch sich bewusst und erleuchtet genug ist, um Dinge nicht als selbstverständlich zu betrachten, nicht verwöhnt zu werden und seine Mitmenschen nicht zu »misshandeln«, werden die alten Systeme der Belohnung und Bestrafung und Verdienste nicht mehr benötigt. In der Vorschule ist das Kind sehr motiviert, ein Sternchen und etwas Schokolade für gutes Benehmen zu bekommen, und wird für schlechtes Benehmen ausgeschimpft. Der vollbewusste Erwachsene wird jedoch nicht länger von äußeren Faktoren beeindruckt und bezieht sein Recht und Unrecht aus einem inneren Sinn, der von lebenslanger Erfahrung herrührt. Er braucht keine Androhung von Belohnung und Bestrafung, um handeln zu können. Er wird von seinem eigenen Höheren Selbst geleitet, nicht von den Regeln der Welt. Diese reife, bescheidene und gütige »bewusste

Person« kann nicht »verwöhnt« werden, selbst wenn sie Reichtümer und Geschenke erhält, die ihre wildesten Träume übersteigen. Du könntest diesen Menschen Macht über ein ganzes Land verleihen und es würde sie nicht beeindrucken oder sie arrogant werden lassen. Sie müssen nicht mehr darüber nachdenken, ob sie es »verdienen« oder nicht. Sie erkennen, dass sie alles haben, sein oder tun können und dass sogar das »Unmögliche« in ihrer Reichweite ist.

Für die Quelle, die zahlreiche Universen erschaffen hat, ist es kein Thema oder sie hat keine Schwierigkeiten damit, für dich »das Unmögliche« zu manifestieren. Es kann im Handumdrehen passieren. **Wenn du danach fragst und es glaubst, könntest du in den nächsten Stunden in einem fünfzig Hektar großen Herrenhaus leben,** unabhängig davon, ob du es »verdienst« oder nicht. Auf einer höheren Bewusstseinsebene geht es nicht mehr darum, etwas zu verdienen, sondern es zu glauben und zu fühlen. Wenn du sagst »Ich verlange es« oder »Ich verdiene es« oder »Ich habe es erarbeitet«, ist das nicht das, was den Unterschied ausmacht. Was den Unterschied ausmacht, ist, ob du es glauben und fühlen kannst.

Dies soll nicht heißen, dass das Gefühl, dass du es verdienst, eine schlechte Sache ist. Das echte Gefühl, etwas zu verdienen, hilft dabei, daran zu glauben. Das Problem entsteht, wenn du glaubst, dass du XYZ machen musst, bevor du dich würdig fühlen kannst. Was wäre, wenn du es wert wärst, nur weil du existierst? Oder nur, weil du es im Spiel des Lebens so weit geschafft hast?

Wenn du an ein System moralistischer Meritokratie (wie Karma) glaubst, glaubst du, dass diese Art des Denkens dich im besten Fall schwach und faul und im schlimmsten Fall böse macht. Aber aus meiner eigenen Erfahrung als Erfolgstrainer weiß ich, dass die Wahrheit in dieser Sache irgendwo in der Mitte liegt. Auf niedrigen bis mittleren Bewusstseinsebenen gelten »Meritokratie« und »Karma« und »Du musst es verdienen«, auf höheren Ebenen dagegen nicht. In westlichen Begriffen, auf höheren Bewusstseinsebenen, heißt es: »Alle Sünden sind vergeben.« Angewandt auf dein eigenes Leben: Wenn die Dinge nach unten ins Negative rutschen, fährst du am besten mit der Philosophie, etwas zu tun, um deine Belohnungen zu verdienen. Wenn die Dinge gut und im Fluss sind, fährst du am besten mit der Philosophie »Alles ist möglich, wenn du einfach danach fragst.« Was funktioniert, hängt von der gewünschten Bewusstseinsebene ab. Je höher die Energie, desto weniger Aufwand ist in der Regel erforderlich, um die Realität zu verwirklichen. Je geringer die Energie, desto mehr Aufwand, Verdienst, Arbeit usw. ist erforderlich.

Schaue dir die Eröffnungsfrage noch einmal an:

»Muss ich es verdienen, um es zu manifestieren?«

Es ist jetzt klarer, dass die genaueste Antwort, die ich geben kann, lautet: »Es hängt davon ab, wer die Frage stellt« oder »… von welcher Bewusstseinsebene aus die Frage gestellt wird.«

28 DIE DINGE WERDEN IMMER BESSER

Entgegen der allgemeinen Meinung und der Propaganda der Nachrichtenmedien wird die Welt in rasantem Tempo reicher, gesünder und gebildeter. Wie in allen Zivilisationen der Geschichte und des Universums sind dies verräterische Anzeichen dafür, dass das allgemeine Bewusstsein ansteigt.

Wenn mir die Leute sagen, dass die Dinge immer schlimmer werden oder dass ihr Land sich im Niedergang befindet oder wir uns dem Zusammenbruch der Zivilisation nähern, bin ich skeptisch. Projektionen des Untergangs sind meistens kontrafaktisch. Nach dem großen Schema der Dinge gelingt es der Menschheit immer zu überleben. Klar, es gibt viele Probleme und Krisenbereiche, die wir noch nicht gelöst haben. Aber wenn jemand allgemein von »schlimmer werdenden Dingen« spricht, dann oft, weil sich seine persönliche Situation verschlechtert und er diese mangelnde Verbesserung auf die Welt projiziert. Nur weil deine persönliche Situation schwierig ist, heißt das noch lange nicht, dass dies der allgemeine Trend ist. Die allgemeine Entwicklung der Welt ist IN DER TAT sehr positiv.

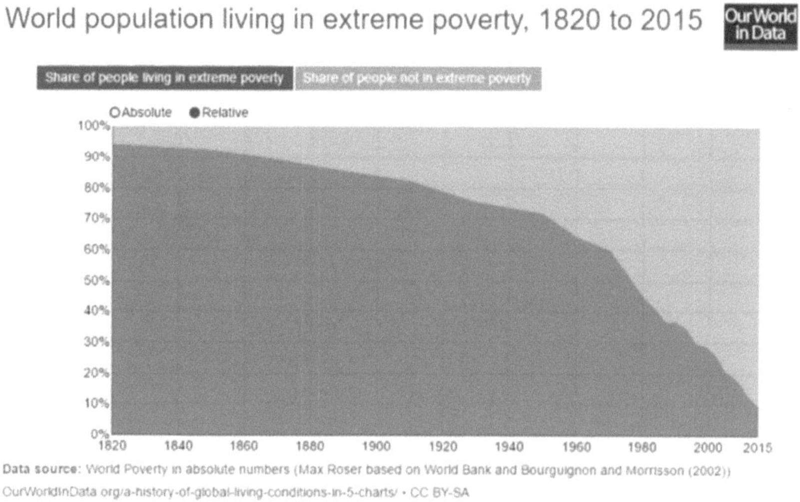

Grafik: Weltbevölkerung in extremer Armut, 1820 - 2015

Ob sich deine persönliche Situation verbessert oder nicht, sollte nicht an einzelnen Rückschlägen und Problemen gemessen werden, sondern am allgemeinen Trend im Laufe der Zeit. Jeder kann Leistungseinbrüche und Bodenwellen erleben, aber solange dein Kompass auf Wachstum und Verbesserung eingestellt ist, bewegt sich die Gesamtskala immer nach oben. Wie stelle ich meinen Kompass auf Verbesserung ein? Eine starke Absicht, sich zu verbessern, und das Beibehalten dieser starken Absicht, nachdem sich die Dinge bereits verbessert haben, reicht aus. Aus dieser starken Absicht folgen die richtigen Handlungen.

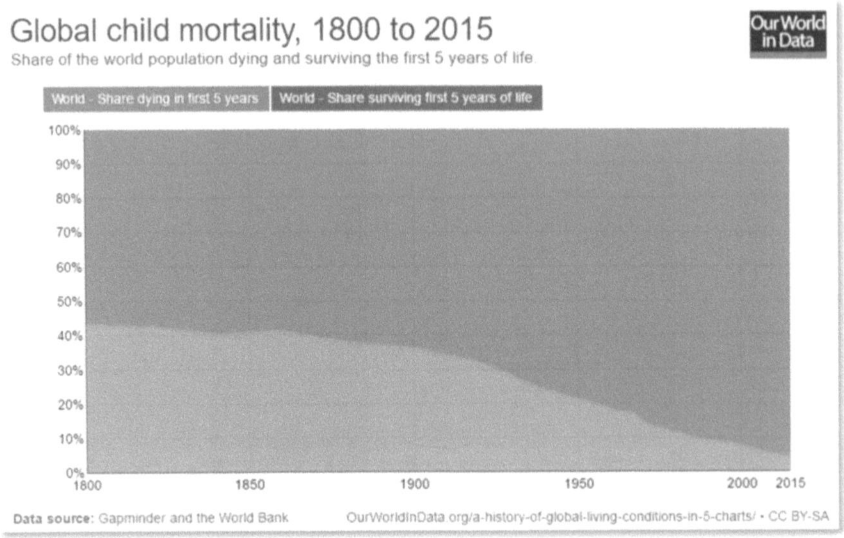

Grafik: Globale Kindersterblichkeitsrate, 1800 bis 2015

Die gute Nachricht ist, dass das individuelle Bewusstsein seine Ebene viel schneller anheben kann als das Massenbewusstsein. Im Massenbewusstsein können große Verbesserungen manchmal Jahrzehnte oder sogar Jahrhunderte dauern. Auf individueller Ebene kannst du dein Leben innerhalb weniger Wochen radikal zum Besseren wenden. Wie? Wähle eine Sache, die du ändern möchtest, und konzentriere deine Energie für mehrere Wochen auf diese Priorität, um zu sehen, was passiert. Du kannst nur ein paar Wochen später eine ganz andere Person sein.

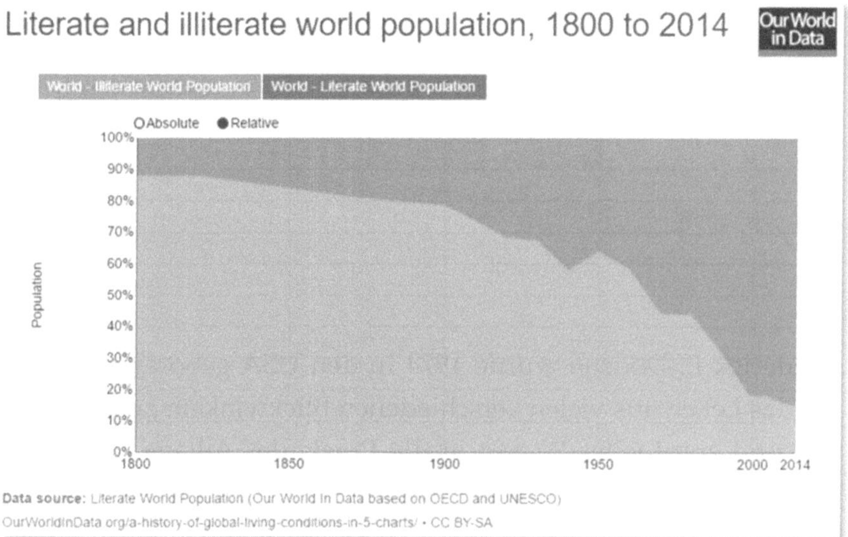

Grafik: Analphabetentum in der Weltbevölkerung, 1800 - 2014

Alles kann immer noch etwas weiter verbessert werden.

Wenn dir dieses Buch gefallen hat, schaue dir auch meine anderen Bücher, Audios und Videos an auf www.realitycreation.org

ÜBER DEN AUTOR

Frederick E. Dodson wurde 1974 in den USA geboren. Er liebt es, das Leben aus vielen verschiedenen Blickwinkeln zu betrachten und spirituelles Wissen in die Praxis des Alltags umzusetzen, anstatt der »9 to 5«-Routine eines »festen Arbeitsplatzes« zu folgen. In seinen Zwanzigern schrieb und veröffentlichte er 15 Bücher und hielt viele hundert Workshops, Vorträge und Seminare zum Thema »Reality Creation« ab. In letzter Zeit hat er sich jedoch etwas vom Unterrichten zurückgezogen und führt nur einen Kurs pro Jahr durch. Er hat angefangen, »Freude zu erleben« höher zu bewerten als »andere zu lehren«. Warum? Weil jeder seine eigene Version der Wahrheit hat und der Zweck seines Lebens nicht darin besteht, andere dazu zu bringen, ihm zuzustimmen, sondern Spaß zu haben. Seine Lieblingsbeschäftigungen in der Zwischenzeit sind Tauchen, Surfen im Internet, Schreiben, Sammeln von Filmen, Reisen und luzides Träumen.

Wenn Ihnen dieses Buch gefallen hat und Sie mehr erfahren möchten, besuchen Sie seine Website unter:

www.realitycreation.org

WEITERE RATGEBER BEI FRANZIUS

"Magnetic Wealth Attraction" ist auch als Hörbuch erhältlich!

Hörbuch CD mit mp3-Dateien
Spieldauer 3h26min
Gelesen von Florian Hartnack
ISBN: 978-3-948464-26-4

Als digitales Download bei den großen Online-Portalen wie beispielsweise audible, Weltbild, deezer, Thalia und BookBeat u.v.m. ISBN 978-3-948464257

»Increase your Energy: Mehr Gesundheit, Erfolg und Glück – Deutsche Erstausgabe« von Frederick Dodson

Taschenbuch A5, ca 292 Seiten
ISBN: 978-3-96050-136-7
Aus dem Englischen übersetzt von Petra Liermann

»Handbuch Kommunikation« von Fredrick Dodson

Wie Sie Ihre Ausstrahlung, Stimme und den Wortschatz verbessern sowie Präsenz, Integrität und Authentizität erlangen
Taschenbuch A5, ca 200 Seiten
ISBN: 978-3-96050-223-4
Aus dem Englischen übersetzt von der Franzius Verlag GmbH

»Mit dem LEADERSHIP-COURSE zu innerer Stärke, Souveränität und positiver Führungskraft« von Fredrick Dodson

Taschenbuch A5, ca. 96 Seiten
ISBN: 978-3-96050-225-8
Aus dem Englischen übersetzt von der Franzius Verlag GmbH

»200 Ratgeber oder dieser« von Dr. Florian Hartnack

Die Essenz aus über 200 Ratgeber-Bestsellern zu den Themen: Glück, Gelassenheit, Gesundheit, Schlaf, Ernährung, Stress, Bewegung, Zeitmanagement, Kommunikation, Beziehungen, Erziehung und Finanzen. Mit Literaturtipps!
ca 200 Seiten
ISBN: 978-3-96050-216-6 (E-Book)
ISBN 978-3-96050-217-3 (Softcover)
ISBN 978-3-96050-218-0 (Hardcover)

Auch als Hörbuch erhältlich!

ISBN: 978-3-96050-239-5 (Hörbuch), Laufzeit 4h 46min

»Unsere Augen im Fokus von Christina Flegl«

Durchblick bei Fehlsichtigkeiten, Brillen, Sehproblemen und Schulstress
Softcover A5, ca 204 Seiten
Mit 17 Abbildungen.
ISBN: 978-3-96050-249-4

»Enneagramm und Hochsensibilität - Die neun Persönlichkeitstypen und ihr Entwicklungspotenzial«
von Dr. Marianne Skarics

A5 Format, ca 340 Seiten
Softcover ISBN: 978-3-96050-170-1
Hardcover ISBN: 978-3-96050-215-9

»Verschenke deine Zeit sinnvoll – Die Kunst, Zeit bewusst in das zu investieren, was dich erfüllt«

Von Regula Meile
A5 Format, ca 276 Seiten
ISBN: 978-3-96050-233-3 (Hardcover)
ISBN: 978-3-96050-234-0 (Softcover)
ISBN: 978-3-96050-235-7 (E-Book)

Auch als Hörbuch erhältlich!
ISBN: 978-3-96050-236-4 (Hörbuch), Laufzeit 9h 45min

»30 Tage, um eine Katze zu werden« von Stéphane Garnier
Mein Übungsbuch, um mich weiterzuentwickeln und zu erstrahlen
Hardcover A5, ca 264 Seiten
ISBN: 978-3-96050-228-9
Aus dem Französischen übersetzt von der Franzius Verlag GmbH

»Entzündungen natürlich behandeln – Die grüne Taschenapotheke«
Von Prof. Dr. Nadine Berling
A5-Format, ca 132 Seiten, mit 24 schwarz-weiß Fotos
Softcover ISBN: 978-3-96050-210-4
Hardcover ISBN: 978-3-96050-203-6

»Wenn Millennials übernehmen - Bereiten Sie sich auf die amüsant einfache Geschäftswelt der Zukunft vor (Deutsche Erstausgabe)«
Von Jamie Notter und Maddie Grant
A5-Format, ca 240 Seiten
Aus dem Englischen übersetzt von der FRANZIUS Verlag GmbH
Hardcover ISBN: 978-3-96050-208-1
Softcover ISBN: 978-3-96050-206-7

»Grenzenlos – Wie man seine Berufung findet und mit drei weiteren essentiellen Faktoren die individuelle Balance schafft, um im völligen Einklang mit dem eigenen Leben zu sein« von Laura Gassner Otting (Deutsche Erstausgabe)
A5-Format, ca. 150 Seiten
Aus dem Englischen übersetzt von der FRANZIUS Verlag GmbH
Hardcover ISBN: 978-3-96050-197-8
Softcover ISBN: 978-3-96050-192-3

»Das Handbuch der ketogenen Ernährung«
von Fabrizio P. Calderaro
Taschenbuch, ca. 220 Seiten, ISBN: 978-3-96050-071-1

»KETOGA - Ketogene Ernährung und Yoga«
von Fabrizio P. Calderaro
Taschenbuch, ca. 348 Seiten, ISBN: 978-3-96050-120-6

»Elternratgeber«
Kinder selbstbewusst begleiten – Wie Eltern die »Copy-Paste-Falle« vermeiden
von Yngra Wieland
Taschenbuch, ca. 209 Seiten, ISBN: 978-3-96050-017-9

»Weiblichkeit leben«
Zurück in die Steinzeit oder vorwärts in ein neues Leben
von Petra Liermann
Taschenbuch, 116 Seiten, ISBN: 978-3-96050-067-4

»Eine Seele in zwei Körpern«
Der Weg der Dualseelen in eine glückliche Beziehung
von Petra Liermann
Taschenbuch, ca 230 Seiten, ISBN: 978-3-96050-118-3

»Eine glückliche Seele in zwei Körpern«
Dualseele 2.0
von Petra Liermann
Taschenbuch, ca 108 Seiten, ISBN: 978-3-96050-178-7

Novitäten im Franzius Verlag

»Der Erwählte - Wie die Tagebücher von Thomas Mann verschwanden«
Roman von Torsten Schmandt, ISBN 978-3-96050-251-7

»Kein Tag ohne Luzie«
Roman nach einer wahren Geschichte von Karin Büchel
ISBN 978-3-96050-247-0

»Tretmühlentreue«
Roman von Reinhold Franz-Reisert, ISBN 978-3-96050-244-9

»Rechne mit dem Tod«, Band 3 der » Edda Valby«-Reihe
Krimi von Neal Skye, ISBN 978-3-96050-243-2

»Blutspur 629«
Der abschließende Band 3 der »Rich & Mysterious«-Reihe
Krimi von Neal Skye, ISBN 978-3-96050-214-2

»Die Siegel Asinjas Teil 3: Die Macht der Dämonen«
(Der abschließende Band der Trilogie)
Fantasy-Roman / Young Adult von Andi LaPatt
ISBN 978-3-96050-212-8

»Fette Sau – Ich bin gegen Mobbing, und Du?«
Roman von Christiane Kromp, ISBN 978-3-96050-201-2

»Nachbeben –
Oder gehört das ganze Leben in die Änderungsschneiderei?«
Roman von Sybille Statz, ISBN 978-3-96050-192-2

»Endstation Himmel«
Roman von Angelika Lorenz, ISBN 978-3-96050-186-2